진실을
말하게 하소서

진실을 말하게 하소서

2006년 11월 27일 초판 1쇄 발행

지은이 | 최석규
최석규성폭력상담소 | 965-1290, 969-1290
기록·구성·교정 | 조소연, 배귀순
사진작가 | 유수영
등록번호 | 제6-0267호
등록된곳 | 서울시 동대문구 제기동 1016번지 삼화빌딩 8층
발행처 | 한국문화진흥회
영업부 | 965-1511
FAX | 965-1512
출판부 | 965-3711
인쇄처 | 인덕인쇄

값 12,000원

◈ 잘못된 책은 교환해 드립니다.
ISBN 89-958866-0-9 03230

총판처 – 두란노서원
Tel:02)749-1059 Fax:080-749-3705

하나님은 나의 상담자였다

진실을 말하게 하소서

한국문화진흥회

주를 위해 바칩니다.

세상에서 방황할 때 나 주님을 몰랐네.
내 맘대로 고집하며 온갖 죄를 저질렀네.
예수여 이 죄인도 용서 받을수 있나요.
벌레만도 못한 내가 용서 받을수 있나요.

많은 사람 찾아와서 나의 친구가 되어도
병든 몸과 상한 마음 위로 받지 못했다.
오 예수여 이 죄인을 불쌍히 여겨주소서.
의지할것 없는 이몸 위로받기 원합니다.

이 죄인의 애통함을 예수께서 들으셨네.
못자욱난 사랑의 손 나를 어루만지셨네.
내 주여 이 죄인이 다시 눈물 흘립니다.
오 내주여 나 이제는 아무걱정 없습니다.

내 모든죄 무거운짐 이젠 모두 다벗었네.
우리 주님 예수께서 나와 함께 계신다.
오 내주여 이 죄인이 무한 감사드립니다.
나의 몸과 영혼까지 주를 위해 바칩니다.

5

추천의 글

최석규 상담사의 자서전적인 글 《진실을 말하게 하소서》는 큰 감동과 울림을 주는 한편의 드라마이며 감격의 파도와 파도소리가 숨어 있다.

겉모습만 보고 판단하기 쉬운 신중하지 못한 현대에 한 여성 상담사가 써내려간 투명하고도 리얼한 내용은 우리 모두의 심적 대변자이기도 한다. 짧은 인생 행로에 겪어야만 하는 각자의 어려움과 고통은 누구나 가지고 있게 마련이지만, 이렇게 솔직하게 자신과 주변을 드러내는 일은 결코 쉬운 일이 아니다. 이는 그녀가 갈등하고 고민하고 고통스러웠던 기억을 들춰내기까지 진지하고도 처절할 정도의 삶을 살아왔다는 반증이기도 하며, 그만큼 자신이 있고 확신이 있기 때문이라 생각한다.

그녀의 말처럼 인생은 어쩌면 파도타기와도 같다. 저자는 열세 번의 파도를 타고 거친 풍랑을 헤쳐왔다. 두렵고 고통스러운 가운데 죽음을 각오한 파도타기를 하면서 그녀는 점점 안정감을 회복하게 되고, 진정한 이웃을 발견하고 자기 자신을 발견해 가는 인생 역정을 고백한다.

누구나 상담사가 될 수도 없고 되어서도 안된다. 적어도 상담사는 많은 경험과 그것이 직접적이든 간접적이든 이해심이 있어야 하고 상담사 자신은 용서할 줄 모르면서 내담자에게 용서하라고 권면한다는 것은 그것 자체가 위선이기 때문이다.

이 글을 읽으면서 최석규 상담사는 이같이 많은 심적 갈등과 경험들을 승화시킬 수 있었기에 수많은 내담자들이 치료를 받을 수 있는 것이라고 믿어진다. 괴테가 '눈물과 함께 빵을 먹어보지 않고는 인생의 참맛을 알 수 없다.'고 했듯이 자기 자신이 고민하고 괴로워하고 아파하고 고통하면서 스스로 문제를 해결해 보지 않고는 진정한 상담사가 될 수 없을 것이다. 이제 저자는 자신의 가정 속에서 일어난 일들을 통하여 수많은 한국 가정의 문제들을 진솔하게 드러냈다는 점에서, 그리고 그 문제들을 멋지게 파도타기를 하면서 오히려 자유함을 찾고 인생의 삶을 즐길 수 있었던 것이라 믿어진다. 처음 파도타기를 하려면 두렵고 서툴고 겁이 나기도 하고 숨이 막히고 물도 많이 먹지만, 계속 파도타기를 하다보면 오히려 파도타기가 즐겁고 스릴이 있고 그 파도로 인해서 목적지까지 빨리 갈 수 있다는 사실을 알게 되는 것처럼 이 책을 읽는 독자들은 인생의 멋진 파도타기를 경험할 수 있으리라 확신한다.

이 가을의 끝자락에서 겨울을 재촉하는 비가 스산하게 내리는 창가에서 밤이 지나도록 저자가 보내온 원고를 읽으면서 내 자신을 생각할 수 있는 기회가 된 것에 대하여 저자에게 감사를 드린다.

아무쪼록 한국의 모든 가족 구성원들이 이 글을 읽고 인생항로에서 승리의 파도타기를 멋지게 즐길 수 있게 되기를 진심으로 원하는 바이다.

2006년 11월 가을의 끝에서

·국가발전기독연구원 원장 ·중앙신학대학원대학교 교수(사회복지학) ·(사)한국교회복지선교연합회 이사장 ·정의사회운동시민연합 공동대표 ·21C 신지식운동연합 상임대표 ·시인, 교육학 박사 · 박영률 박사

이 책은 회복이라는 거센 물결을 거슬러 올라간 한 용감한 사람의 승리의 이야기입니다.

그 길은 쉽고 평탄한 길이 아닙니다. 때로는 현실을 받아들이기가 너무 기막히고 이해하기에 괴롭고 받아들이기에 분노가 일어나는 길입니다. 그럼에도 그 길이 충분히 갈 만한 가치가 있는것은 그 곳에 아름다운 회복이 있고 하나님이 원하시는 길이기도 하고 그 분이 함께 해 주시겠다는 약속이 있는 길이기에 그렇습니다.

최석규 전도사님은 그 길을 걸어갔고 비록 눈물과 아픔이 있었지만 아름다운 회복에 도달하게 되었고 그의 삶은 이제 예전의 삶과는 달라졌을 뿐 아니라 많은 사람에게 그 길을 갈 수 있는 용기를 주는 삶이 되었습니다.

많은 분들이 이 책을 통해 회복의 여정을 떠날 결심이 일어나길 소망합니다.

· 온누리교회 임항재 목사

여기 하나님이 사랑하시는 한 여성의 삶의 이야기가 있습니다. 그녀는 왜 그렇게 허탄한 것을 쫓아갈 수밖에 없었는가. 그리고 그녀의 꿈을 채워 주리라 기대하며 붙잡았던 한 남자는 왜 그렇게 행동할 수밖에 없었는가?

필자는 두 사람의 삶 가운데 있었던 숱한 어려움을 어떻게 헤쳐 나올 수 있었으며, 이제는 또 어떻게 다른 사람들을 돕는 자로 살아

갈 수 있는지를 담대하게 이야기하고 있습니다.

승리한 이들의 가정 이야기를 읽으면서 많은 사람들이 도전 받고, 가정 회복과 인생역전의 꿈을 가졌으면 하는 바람입니다.

· 두란노어머니학교운동본부장 한은경

이 책은 구질구질한 책입니다. 읽는 동안 울고, 웃고, 흥분하고, 욕하며 찡그렸습니다.

너무 구질구질해 저 또한 함께 뒹군 것 처럼 되었습니다. 그러나 마지막 책장을 넘겼을 땐 비록 눈물, 콧물, 흥분으로 헝클어져 있었지만 마음은 가을 하늘 만큼이나 청명해져 있었습니다.

한 사람의 진실된 드러냄을 통해 여러분들의 내면이 흐트려지실 겁니다.

자신을 드러내기를 두려워 하시는 분들, 이 책을 읽고 드러냄의 묘미를 즐겨 보시길 바랍니다.

책을 함께 마무리 하는 동안 '파도타기'를 즐길 준비하고 있는 동반자로서 추천 드립니다.

· 교정자 배귀순

9

~~~ 차   례 ~~~

진실을 말하게 하소서

11

책머리에

이상적인 것을 추구하는 삶은 패어진 마음이고, 패어진 마음을 메우고자 목표를 세우고 그것만을 향하여 달려가게 하는 삶은 허구일 가능성이 높다.

이상적인 것은 비합리적인 것으로서 우상 즉, 자신이 추구하는 모델을 세워놓고 찾아 헤매게 하는 것이다.

그러므로 건전한 이상을 가진 사람은 건전한 길을 찾아가는데 있어서 잠시 헤매기는 하나 바른 길을 찾는다. 하지만 패어진 마음이 갖는 이상적인 삶은 깨어진 독에 물 붓는 것과 같다.

패어진 마음은 자아 정체성이 없는 것이다. 그래서 내가 누구인지 잘 모르기 때문에 이상을 찾아 헤매다가 결국 인생을 포기하거나 이탈하게 되는 삶을 살게 된다.

이 책을 읽는 독자 여러분들은 무엇을 유도하고 있느냐의 질문으로 계속 의문을 제기하실 것이다.

이 책에서 주고자 하는 메시지는

(1) 아는 것이 힘이다(속지 않는다).

(2) 경험하는 것을 두려워하지 말라.

(3) 깨달았으면 그것들을 과감하게 버려라.

나는 오늘 내 인생에 있어서 모르고 당해왔던 억울한 일들, 알고 결단하고 다시 찾은 나의 가치관과 정체성을 살펴보면서, 이상과 현실에 부주의했던 경험의 대가로 한 여자가 겪어야 했던 역경과 삶 속에서 주고 있는 메시지를 통해 여러분들의 이상과 현실이 직면하길 원한다.

이 글을 써야 했던 이유는 십자가를 지고 주님을 따르는 길에 대해 막연한 두려움을 가지고 있었기 때문입니다.

우리는 아직도 먼 길을 가야할 사람들입니다.

포기하지 않으면 하나님께서 반드시 소원을 이루게 하실 것입니다.

우리는 무엇이든 홀로 해결할 수 없을 때 누군가의 도움이 필요할 것이고 누구든 상담을 의뢰할 수 있습니다.

나의 삶 가운데 역사하셨던 부분을 정리해보면서 상담자로서 여러분이 갈등을 겪고 있는 부분들에 대하여 나의 삶이 오픈된 가운데 좀 더 구체적으로 도와 드리고 싶어서 출판하게 되었음을 앞서 밝혀 드리면서 아울러 부족한 글이기에 여러분의 이해를 구합니다.

저는 학자도, 작가도 아닙니다. 열정만으로 시작을 했다가 대필을 생각해 보기도 했지만 이는 진실된 간절함을 전달할 수 없기에 하나님만을 바라보며 쓰기로 결심하고 나니 한결 마음이 평안하였습니다.

책을 읽으시는 분들은 나름대로 책에 대한 평가가 있을 줄 압니다. 그러나 감히 용기를 내어 한 말씀 드린다면 이 책을 읽으시는 모든 분들에게 간접적인 파도타기 경험이 되셔서 삶을 살아 가시는데 용기있는 도전이 되셨으면 합니다. 여러분들을 사랑합니다.

하나님께서는 그 분의 때에 나의 필요에 따라 붙여주셔서 책이 나오기까지 오른손의 역할을 감당하게 해 주시고 수고하게 하신 분들이 계십니다. 특별히 조소연 선생님이 계셔서 책 나오기까지 얼마나 위로가 되었는지. 우리에게 주는 복은 멀리 있는 것이 아니라 가장 옆에 있는 사람에게 있다는 것을 꼭 기억하시기 바랍니다. 나를 위해 기도와 간구로 믿어주시고 용기를 주시고 마지막 책 마무리를 다듬어 주신 배귀순 선생님께 고마움을 전합니다. 그리고 중보기도로 협력해주신 동역자 여러분 모두에게 감사드립니다.

또한 11월 2일 한국종합예술대학교 무용과에 최고 좋은

17

성적으로 들어갈 예쁜 딸 은주와 책 쓰느라 시간이 없다는 것 때문에 딸 입시 준비 신경 못 써준 엄마 역할을 대신해 주신 고마우신 무용지도 김지연 선생님께, 세계 선교사를 꿈꾸며 준비하고 있는 멋진 내 아들 제원이에게, 그리고 원수를 사랑하라 하신 말씀 앞에 순종할 수 밖에 없는 원수 같은 내 사랑하는 남편에게 고마움과 기쁨을 함께 전합니다.

정체성 없는 나 !

~~~ 에베소서 2장 1-5절 ~~~

너희의 허물과 죄로 죽었던 너희를 살리셨도다.

그 때에 너희가 그 가운데서 행하여 이 세상 풍속을 좇고

공중의 권세를 잡은 자를 따랐으니 곧 지금 불순종의

아들들 가운데서 역사하는 영이라

전에는 우리도 다 그 가운데서 우리 육체의 욕심을 따라 지내며

육체와 마음의 원하는 것을 하여 다른 이들과 같이

본질상 진노의 자녀이었더니 긍휼에 풍성하신 하나님이

우리를 사랑하신 그 큰 사랑을 인하여 허물로

죽은 우리를 그리스도와 함께 살리셨고

(너희가 은혜로 구원을 얻은 것이라.)

무엇을 위해 사는가

'진짜 나는 누군가?'라는 의문을 품고 살아왔던 적이 많았던 것 같다.

이 책을 읽는 여러분 중에서도 저와 같은 의문을 품고 살아왔거나, 또는 지금도 궁금증을 가지고 살고 계시는 분들도 있으리라 생각됩니다.

이러한 의문 속에 함께 공감하기 위해서는 내가 자라온 과거의 이야기들을 알아야 현재 내 자신이 전달하고자 하는 메시지를 쉽게 이해하고 공감할 수 있을 것 같아 과거 이야기부터 써 내려 가려고 한다.

겸손한 자는 언제나 하나님을 안내자로 모신다. - J. 버넌

과거와 기억

· 고통과 망각
· 태아 때부터 이미 생각할 수 있는 능력을 지니고 있음
· 우리는 죄 가운데 태어난 존재이기 때문에 상처난 마음을 지님
· 굶주린 마음, 버림받은 마음, 수치심, 두려움을 지님
· 감정적, 정서적, 심리적, 영적 상처를 지님
· 이러한 상처들이 오늘 우리의 삶과 생각과 행동에 영향을 미침

나는 어린 시절 기억들이 다른 사람들보다 훨씬 덜 나는 편이다. 기억할 수 없는 것은 추가적으로 주위 사람들에게 들어서 알게 되었다.

옛 말에 최진사 댁 셋째 딸은 선도 안 보고 데려간다는 말이 있다. 나는 호랑이 처럼 무서운 최진사 댁 슬하에서 1남 5녀 중 셋째 딸로 태어났다.

나의 주위에선 미래 며느리 감으로 눈길을 끌만큼 아름다운 미모의 주인공이었다고나 할까? 어쩐지 조금은 쑥스러운 고백인 것 같다. 그러나 자신이 가지고 태어난 조건은 좋은데 반하여 환경이 가지고 있는 조건은 연약하기 짝이 없었다. 가난했다는 말이다.

그러한 연약한 환경에서 태어난 나는 내 환경이 마음에

들지 않았다. 기억이 나는 것은 주위가 늘 시끄러웠던 것 같았고 정서적으로도 불안한 환경이었던 것 같다.

아버지와 어머니의 싸우는 소리, 할머니의 야단치는 소리, 형제들이 이방 저방 뛰어 다니는 소리, 그러한 환경이 나에게는 귀찮고 즐겁지 않았던가보다.

어릴적 정서가 다른 형제들에 비해 유독 우울했다. 매사에 의욕도 없었고, 왜 사는지, 왜 살아야 하는지에 대해서도 늘 의문을 품고 살아왔던 것 같다. 아무도 나를 알아주지는 않았었지만 아무튼 나 자신은 스스로를 참 괜찮은 소녀였다고 자부하며 살았고, 사색과 글 쓰는 것을 늘 즐겨하며 학생시절을 보냈던 것 같다.

아버지께서는 가지 많은 나무에 바람 잘 날 없다시며 우리 집 가훈으로 가화만사성이라고 벽장에다 크게 써 붙여 놓으시고 가족의 화평을 위해 나름대로 소박한 꿈을 가지고 열심히 사셨던 것 같다. 아버지께서는 이웃을 잘 보살펴 주셨고 오갈 데 없는 보따리 장사가 마을에 들어오면 사랑방을 내어 주시며 마음껏 먹으라고 어머니께 밥상도 차려 주시라고 하셨다. 아버지는 다른 사람들에게만은 늘 자상한 분이셨고 환대하셨다.

안타깝게도 그러한 아버지가 내 마음에는 들지 않았다.

왜 그랬을까 생각해보니 아버지는 나에게 언제나 부재중이셨다. 환대받지 못하는 나와 우리 가족. 내 아버지는 나의 아버지가 아니라 봉사정신이 투철한 이웃집 이장님이셨기 때문이었다.

나는 그때 아버지를 잃었다. 아니 어쩌면 버렸다는 말이 좀 더 정확한 말일 것이다.

나는 꿈이 많은 소녀였다. 하고 싶은 일도 많았고, 되고 싶은 것도 많았고, 먹고 싶은 것도, 입고 싶은 것 또한 많았다. 그런데 내 아버지는 어디로 가셨단 말인가!

'굶주림은 여기서부터 온 것.'

타오르는 욕망은 하늘을 찌르건만 어쩌면 아버지는 그렇게도 나에게 무심하셨던지. 이제 글을 쓰며 생각해 보는 것은 목마름에 갈증을 느꼈던 어린 시절의 아버지, 그의 사랑과 관심을 갈망했던 어린 시절의 아버지가 생각나서 잠시 눈시울이 뜨거워진다.

아버지가 그토록 나에 대한 관심이 없었던 것처럼 느껴지던 어린 시절의 삶은 안타깝게도 우울했던 기억 밖에는 떠오르질 않는다.

시꺼먼 솥뚜껑 앞에 식구들이 옹기종기 모여앉아 동생 머리통만한 게딱지를 뜯어 먹던 일. 추운 것이 싫었고, 움직이는 것도 싫었고, 드디어 먹는 것까지도 반갑지 않았던 그 시절의 기억들. 오늘은 소죽을 누가 쑬 것인가를 머리를 굴려 생각하며 눈치 보던 일. 추위를 피해 방 안에서 웅크리고 앉아 있다가 밖에 계신 아버지가 소죽 쑤라고 부르는 소리에 얼떨결에 성질 급한 동생이 대답하곤, 생각해보니 소리 지른 자신이 오늘 소죽을 쒀야 한다는 억울함 때문에 속상한 나머지 나를 주먹으로 때리며 발로 차며 성질을 달랬던 동생. 그 마음을 이해할 수 있겠는가.

그래도 따뜻한 안방에 이불을 쓰고 누워있는 것이 동생에게 매 맞는 것보다 더 좋았으리라.

항상 생선 토막이 올려져 있던 아버지의 그 밥상이 좋았나 보다. '어이구! 오빠는 좋겠네.'-무의식의 반항- 왜 그리 밥상만 보면 배가 아팠던지. 아버지와 오빠가 따로 먹는 밥상에선 생선 냄새 그윽하네.

아버지의 밥상에서 먹고 남은 생선 토막, 뼈다귀 사이에 들어있는 살을 골라주며, 배 아파하던 나를 달래 주시던 고마우신 나의 어머니!

다섯 남매는 아랑곳 하지 않고 밥이 좋아라 냠냠 먹고 있는데 나는 왜 그리 궁상을 떨고 살았는지. 아침마다 지각할까봐 밥도 못 먹고 가는 나에게 내 위에 태어난 부지런한 언니에게 엄마는 '교복 다려줘라, 도시락 챙겨줘라.' 구박하시네! (언니야, 고맙다.)

무슨 복이 있어서 엄마의 사랑을 받게 하셨나!

허둥대는 나에게 가방을 챙겨주시며 아침 등교하는 차 못 탈까봐 언덕길을 헉헉대시며 같이 뛰어가 주셨던 사랑하는 내 어머니. 그런데도 왜 그리 불만이 많았고, 환경에 적응하지 못 했었는지... 이런 내가 싫었었다.

휘청거리는 허리에 물동이를 메고 물 길어 오던 일. 소풀 뜯기다가 소뿔에 받쳐 나무에 매달렸던 일. 밭을 매라 하시는데 하얀 얼굴 탄다고 엄마 양산 받쳐들고 밭을 매던 일. 햇볕에서 일하기 싫다고 화장실에 숨어서 졸던 일. 아버지한테 혼날까봐 밭고랑 너머로 돌맹이 던지며 졸던 나를 깨워주던 언니들. 우리 집에 머슴 살던 육손 아저씨, 개다리춤 가르쳐 준다고 멍석 깔아 놓고 춤추다가 빗자루로 얻어맞고 십리 길을 달려 도망치던 일들.

'옛 이야기 들어라 나는 어쩌면 생겨나와 옛이야기 듣는다. 묻지도 말아라. 내일 날에 내가 부모 되어서 살아보리라.' 노래 가사가 저절로 나오네요.

생각해보면 오랜 세월 지나쳐온 시간들은 잊혀질만도 한데 아버지는 어쩌면 그렇게도 딸이 싫어하는 일만 골라 하라고 하셨는지 모르겠다.

그 덕분에 나는 아버지 같은 사람 만나지 말아야지 하며 이 악물고 살아왔다. 그저 어린 마음에 많이 배우고 자가용 타고 다니는 사람들은 마치 나의 꿈과 이상을 채워 줄 수 있을 거라고 생각하게 되었고, 그런 집으로 시집가서 사는 것이 나의 꿈, 목표, 이상을 갖게 하는 동기가 되었다.

무엇이 나를 그토록 한스럽게 했으며 힘겹게 살아가게 했을까?

생각해보면 일뿐만이 아니라, 교육의 무지함이 우리를 그렇게 상하게 했는지 모른다는 생각이 든다.

~~~ 디모데후서 3장 16-17절 ~~~
모든 성경은 하나님의 감동으로 된 것으로
교훈과 책망과 바르게 함과 의로 교육하기에 유익하니
이는 하나님의 사람으로 온전케 하며
모든 선한 일을 행하기에 온전케 하여 함이니라.

교육의 부재

중2 때, 처음으로 생리를 경험하게 되었는데 도대체 어떻게 해야 하는 건지 몰랐다. 식구들에게는 부끄러워 말도 하지 못하고 화장실에 가서 두어 시간을 고민하다가 런닝셔츠를 찢어 팬티 밑에 깔았던 웃지 못 할 경험들이 있었다.

이렇듯 과거의 무지했던 교육체계가 우리의 기억 속에서도 씁쓸한 기억으로 머물러 있고, 우리의 전 인생을 주도하게도 한다. 지나고 나면 아무 일도 아닌 것 같은데 그 때는 왜 그렇게 부끄러웠고 말하기가 어려웠는지 모른다.

얼마 전 일이다. 상담 선생님들과 중학교 성교육 강의안을 준비하다가 서로의 경험담을 이야기하면서 얼마나 웃었는지 모른다.

한 선생님은 생리대는 샀지만 어디다 붙여야 하는 건지 잘 몰랐다고 한다. 누구에게 물어 볼 수도 없고 해서 팬티 밖에 붙이고 다녔는데 그만 바닥에 떨어져 나뒹굴어 다니게 되었다고 한다. 친구들은 이게 누구 거냐고 발로 차고 다니는데. 어릴 적 부끄러웠던 이야기들 속에서 교육의 부재로 인한 가슴 아픈 추억들을 더듬어 보며 그 날의 웃지 못 할 경험들을 나누어 보았다.

내담자 한 분도 흔히 있는 일 중 하나이지만 중1 때 생리를 하면서 옷에 샌 적이 있었다고 한다. 갑작스럽게 일어난 일이라서 무척이나 놀라고 당황스러웠다고 하는데 이 순진한 학생은 수업이 끝나지 않은 터라 집으로 돌아갈 수는 없었고, 수업이 끝날 때 까지 자기 자리에서 움직이지 않고 있다가 집으로 돌아가게 되었다고 한다. 그 부끄러운 기억 때문에 10년이 지난 지금에도 누군가 그 일을 기억하고 있을 것 같아. 친구들이 보고 싶어도 동창회 참석을 하지 못하고 있다는 안타까운 이야기를 털어놓는 것을 들은 적이 있다.

이렇듯 교육의 부재로 인하여 우울했던 기억들이 씁쓸한 기억들로 살아남아서 우리를 포장하게 하고 억압하며 두렵게 하고 있다.

자라오면서 마음에 담겨져 있는 상처들은 우리를 이렇듯 성숙하지 못하게 하는 방해의 요소가 되기도 한다.

자신 안에 남아 있는 어릴 적 기억들을 존중해 주십시오. 그것은 나의 잘못이 아니었다는 것을 자신 안에 있는 나에게, 남이 모르고 있고 상처받고 숨겨져 있는 나에게 말해 주십시오. 그것은 나의 잘못이 아니었다고. 그리고 그런 너를 인정한다고 안심시켜 주십시오.

상처는 대물림 됩니다.

건강한 자아상이 건강한 자아를 만들어 냅니다.

한 번 상처 입은 마음은 치유되기 어렵습니다. 교육의 부재로 인하여 우리를 안타깝게 하는 것은 시대적으로 보나 현실적으로 보더라도 나의 말을 들어줄 만한 안전한 대상이 없었다는 것이었는데 지금은 어떠신가요!

없는 것에서부터 출발했던, 맨땅에 헤딩하던 시대와는 다르게 정보화 시대, 지식의 홍수 속에서 넘쳐나는 정보들 때문에 오히려 혼돈스럽고, 무분별한 생활들을 하고 있지는 않습니까?

여러분의 가정은 어떻습니까?

한창 이성에 대한 호기심과 자신의 정체성에 대한 호기심을 가지고 자아를 발견하기 위해 잡지나 인터넷에서 정보를 찾고 있는 여러분의 자녀들이 걱정되고 있지나 않으신지요!

노출된 문화 속에서 부모와 자녀, 세대 간의 격차로 인하여 혹시나 어려움들을 겪고 있지는 않는지요!

과거에는 생계유지를 위해 자녀들을 많이 생산함으로써 농사를 짓고 품을 팔아 대식구들이 먹고 살기에 급급했던 시대였다면, 현 시대는 핵가족으로 적게 낳는 반면 많은 사교육비를 지출하게 됨으로써 맞벌이하는 부부들이 많이 늘어나고 있다. 이로 인한 부모의 부재가 새롭게 확산되어 가고 있고 아이들의 건강한 양육문제가 사회적으로 커져만 가고 있다. 급변하는 세대에 안타깝게도 현시대가 요구하는 양육문제는 너무나도 심각한 사회의 병폐가 되고 있다.

가정 안에서 교육의 부재는 양육문제보다도 더욱 심각하다.

인간에게는 하나님께서 각자에게 주신 은사가 있다. 은사는 내게 있는 것으로 남에게 베풀어 주고 나누고 내게 없는 것은 다른 사람에게 있는 것을 다운 받아서 정보를 얻고 도움을 받아 서로 상부상조하며 살아가게 하는 것이다.

무지한 것은 죄를 일으키기 쉽다. 지금도 과거에 모르고 당해서 억울하게 살아가시는 분들이 많이 있다.

고민하고 계시는 여러분의 어려움들을 돕고자 한다. 상담기관에서는 도움을 주실 많은 분들이 여러분들을 기다리고 있다. 상담기관에 요청하셔서 여러분들이 혼자서 해결 할 수 없는 어려운 고민들을 다운받아 살아가시길 권면한다.

상한 갈대도 꺾지 않으시는 하나님을 경험하게 될 것이다.

처음 인간이 태어나면서부터 각각의 고유한 특성을 가지고 태어난다. 그러나 자라면서의 환경과 문화가 그를 바꾸거나 또는 만들어 간다고 흔히들 생각하며 살아가기 쉽다. 그것은 생각의 차이라고 본다. 하나님은 그의 형상대로 믿음 안에서 자라도록 교훈과 책망으로 바르게 함으로서 의로 교육하는 방법을 우리에게 가르쳐 주셨다.

자녀들이 제대로 발육 되어져야 할 시기에 양육자의 부재로 인하여 삶의 정서적인 불안을 초래하게 된다면, 어른들의 기대하는 수준으로 잘 자라주기를 위해 그들에게 어떻게 요구할 수 있겠는가?

부모의 부재로 인한 버려짐에 대한 허탈감, 허망함, 정서적인 불안감(의지할 수 없는 마음), 대화 부재, 억압된 것, 분노의 감정들 이러한 것들이 이 아이로 하여금 마음의 문제를 일으키게 한다.

마음의 문제는 상처 때문에 생기는 것인데 대부분 이러한 것들은 상처 난 마음 안으로 들어가서 숨어서 활동하게 된다. 그래서 때로는 자신도 알지 못하는 감정의 힘이 자신을 조정하며 살아가게 된다.

그리고 잠재된 문제들은 극한 상황에서 드러나게 된다. 극한 상황이 닥쳤을 경우 자신도 모르고 남도 모르는 상처들이 수면에 떠오르고, 잠재된 상처는 자신도 모르는 사이 자신이 알지 못하는 것들 때문에 다른 사람들에게 상처를 주기도 하고, 자신 스스로가 상처를 받기도 하며 살아 가게 되는 것이다.

미워하지 말아야지 하면서도 미워하게 되고, 용서해야지 하는 마음은 굴뚝 같지만 마음대로 잘 안 되는 것을 여러분들도 경험을 하고 있으리라 생각되어 진다.

자신도 모르게 불쑥불쑥 올라오는 불덩이 같은 마음을 혼자서 해결하기 어렵다. 누군가에게 쏟아 부어야 시원함을 얻는다. 그러나 그것이 적절하게 해결이 되지 않았을 경우 감정의 불덩이는 자녀들에게 대물림되어 흘러간다. 이러한 엄청난 삶의 문제 앞에서 우리는 이제 더 이상 감정에 속아서 억압하거나 억압당하는 것을 반복하는 죄를 저지르지 않도록 교육에 눈을 떠야하겠다.

이제는 자신도 모르게 억울하게 당해 왔던 감정의 약점들을 참고 사는 것만이 능사는 아니다. 참고 사는 것은 회피지 근본적인 치료는 아니다. 대화로 풀어가야 한다.

유아 발달 단계 가운데 아빠의 역할이 참으로 중요하다. 대부분 아이는 6개월 이후부터 분노의 감정이 형성된다. 최초 감정 표현은 '싫어!'부터 시작하게 되는데, 그때 아이의 'No'를 잘 받아 주면 그 아이는 건강한 자아를 형성해 갈 수 있다.

어머니의 사랑과 아버지의 'No'에 대한 받아들임의 경계선이 잘 구분되었을 때 아이는 분노를 배우게 되고 자신의 감정으로 내 것과 남의 것을 분별하게 된다. 내 것과 남의 것을 구분하지 못하는 경우에는 위 내용처럼 'No', 'Yes'에 대한 적절한 도움을 받지 못했을 때 정체성이 혼돈되므로 두려움을 갖게 된다. 또한 내 것에 대한 소유욕(집착)이 강하고, 사소한 것에 목숨을 걸게 되고 자신의 감정에 표현을 잘 못하게 된다.

　　나의 어릴적 억압된 감정이 나를 얼마나 억누르며 살아오게 했는지 평생 한을 남길 수 있는 오점을 만들어 냈다는 사실을 생각하게 되었다. 그래서 나는 가정교육에 대한 필수적인 조건은 삶을 기초한다는 목표를 세웠고 그렇게 나의 가정을 세워가며 특별하게 보살피며 살아왔다.

　　자녀들이 궁금해 하는 것이 있습니까? 부끄러움을 갖게 하거나 두려움이 생기지 않도록 도와주어야 한다. 그들이 궁금해 하는 것은 원초적 본능, 본능에 의한 것이기 때문이다. 그것은 성숙을 향한 과정이고, 그 단계를 잘 거쳐 가야 성숙한 어른이 되고, 그들에게는 거룩한 삶의 도전이 되는 것이다.

무지했던 과거의 경험들이 대물림되지 않도록 하기 위해서는 어른들이 책임성을 가지고 보살펴야 한다.

아버지의 부재가 자녀에게 미치는 영향은 엄청나게 크다.

탐슨 박사가 「내 마음의 벽」이란 책에서 밝힌 것에 의하면 아버지의 부재에 관해 미국에서는 심리학자와 사회학자로 구성된 조사팀을 구성해 아버지가 군 복무로 인해 집을 떠나 있는 3세부터 18세의 아이들 200명을 대상으로 조사했다.

그리고 그들에게 아버지 결손 증후군이 있음을 밝혔다. 즉, 아버지가 떠난 것에 대한 아이들이 초기 반응이 죽음으로 인해 아버지를 잃은 아이들의 반응과 비슷하다는 것이다.

· 아버지가 있어도 역할을 하지 못한 가정(분노)
· 없는 사실을 왜곡되게 공상이나 환타지를 생각하며 살아간다.
· 현실에 대한 왜곡된 시각에서 무분별한 행동(성격장애)
· 사랑은 내리 사랑, 분노도 내리 분노 : 자신의 뜻대로 안 되면 히스테리 현상 나타남(소유욕)
· 아버지의 부재를 자신의 탓으로 돌린다.(우울증)
· 사랑과 분노가 적절하게 채워지지 않으면 신경증 : 걱정이 많다.

진실을 말하게 하소서

(장남, 장녀가 많이 걸린다)

· 분노를 처리하지 못 했을 때 편두통, 변비, 위궤양이 생긴다.(정신신체 장애)

· 부모를 떠나야 하나님을 만난다. 그런데 대부분 어둠을 찾는다. 엄마 자궁 속(퇴행)

나의 겉모습은 웃고 있고 아무런 문제가 없는 것처럼 보이지만 내 속에는 또 다른 무엇이 있다.

아버지의 부재로 인하여 왜곡되어 있는 나.

과연 하나님은 우리의 겉모습과 속사람 중 어디에 마음을 더 두고 계실까?

나의 진정한 자아와 정체성은 어느 것에 더 연관을 가지고 있을까?

하나님 아버지는 우리의 속사람에 더 많은 관심을 가지고 있다. 그리고 아버지의 부재가 가져다 준 나. 그러한 아이를 위로해주고 싶어 하신다. 그것은 너의 잘못이 아니었다고 말씀하시고, 괜찮을 거라고 말하고 싶어 하시며, 지금도 그렇게 말씀하고 계시다. 이제 내 속에 내가 어두움 가운데 울고 있는, 아니 너무도 고통스러워 울 수조차 없는 얼어 붙어있는 나를 위해 어둠에서 빛으로 내 안에 있는 또 다른 나를 꺼내시고자 하신다.

사랑 받아야 할 대상에게서 거절당했을 때 수치심이 온다. 문제에만 집착하다 보면 해결이 안 된다. 문제 너머를 볼 수 있는 힘을 가지기를 바란다. 두려움(독성이 있다), 나태함(보려고 하는 의지가 없다)을 빛 가운데 드러내는 작업을 해야 한다. 그런데 안타깝게도 상처 입은 자아는 그럴만한 힘이 없다.

~~~ 로마서 7장 17-20절 ~~~
나의 행하는 것을 내가 알지 못하노니 곧 원하는 이것은
행하지 아니하고 도리어 미워하는 그것을 함이라
만일 내가 원치 아니하는 그것을 하면
내가 이로 율법의 선한 것을 시인하노니
이제는 이것을 행하는 자가 내가 아니요 내 속에 거하는 죄니라
내 속 곧 내 육신에 선한 것이 거하지 아니하는 줄을 아노니
원함은 내게 있으나 선을 행하는 것은 없노라
내가 원하는 바 선은 하지 아니하고 도리어 원치 아니하는 바
악은 행하는 도다. 만일 내가 원치 아니하는 그것을 하면
이를 행하는 자가 내가 아니요 내속에 거하는 죄니라.

이제 그동안 마음 속에 숨어 있었던 자라지 못한 아이 (속사람)를 빛 가운데로 끌어 올려보자. 그리고 나에게 어떤 일이 있었는가 생각해 보자

수치감.

이것은 중독의 뿌리 중 가장 중요한 부분을 차지한다. 우리가 자라오면서 중요하게 양육 받아야 하는 대상자로부터 학대를 받았다거나 거절감을 느꼈을 때 생기는 심리적 영역이다. 자신의 영역에서 자존감의 상처로 크게 침해를 당할 때 그것은 거절감, 열등감, 패배감, 수모. 그 어떠한 영향도 내 자신이 경험하는 것과 같을 수 없다.

문제는 그 수치심이 영혼까지 치명적인 해를 끼치게 된다는 것이다. 그것들은 자아에게 있어서 가장 중독성이 강한 경험이기도 하다. 수치심의 상처는 자신 안에 깊이 패여 있는 감정으로 몰입 되어, 전 영역을 중독적인 행동과 상호 의존적 관계 패턴으로 굳혀져서 자신의 삶의 전 영역을 역기능적인 사고의 틀로 만들어 간다.

수치심은 내가 무엇을 했냐에 관한 것이 아니고, 내가 나의 인생에서 중요한 사람으로부터 인정받지 못하고 사랑받지 못한 것에 관한 것이다.

불필요하게 지고 있는 수치심을 떨쳐버리기 위해서는 수치심을 가지고 있는 것에 대해 인식하고 하나님의 사랑 가운데로 인도하는 것이 중요하다.

수치심은 우리를 중요하게 보살피는 자에 의해서 어린 시절에 학대를 당한 것이 우리 마음에 심기운 것이다. 또한 이것이 없어지는 것이 아니라 자신의 성장하는데 더 큰 학대를 경험하게 하는 쓴뿌리가 된다. 우리가 이 수치심을 다룰 때까지 중독의 치유는 있을 수 없다.

두려움.

이 뿌리는 우리를 보호해 주어야 한다고 생각했던 신뢰의 사람으로부터 보호받지 못함을 통해 나타나는 감정의 결과이다.

이것은 신체적, 감정적 또는 영적으로 상처를 받는 계속적인 두려움으로부터 올지도 모른다.

이 두려움이 점점 커지게 되고 그것은 우리를 둘러싸고 있는 사람이 우리에게 거절감과 신랄한 비난과 존재 가치를 인정하지 않을 것이라는 두려움을 야기 시킨다.

두려움은 소극적인 가치로 자신을 작게 만들고 두려움을 갖고 있어 낮은 자신감 때문에 실수도 잘하게 된다.

부정적인 감정이 많다보니 죄책감에 빠지기도 쉽다.

죄책감.

깊은 죄책감은 종종 우리가 사랑하는 사람에게 학대를 경험함으로써 온다.

우리는 자신이 학대를 받을 수밖에 없는 원인이라고 느낀다.

'나는 학대의 원인이야'(내가 잘못해서 이렇게 된 것이야)라고 속삭인다.

'내가 좀 더 다르게 행동했더라면(잘 했더라면) 이런 일은 벌어지지 않았을 텐데.'라고 자책한다.

이것은 특히 성적으로 학대를 당한 사람에게서 나타나는 공통적인 형상이다.

분노.

아이들은 특별히 그들이 계속적으로 학대를 당할 때 분노를 느낀다.

우리나라의 정통적인 문화는 아이들이 분노를 표현하는 것은 일반적으로 인정되지 않는 부분이었다. 그러므로 우리는 그 분노를 숨기거나, 누르거나, 분노를 가지지 않으려고 애써 회피하거나 방어하는 습관을 먼저 배우게 되었다.

분노의 감정이 적절하게 표출되지 않을 때 이것은 종종 육체적인 문제를 일으키기도 한다.

슬픔.

이 뿌리는 부모와 같은 인생에 있어서 중요한 사람이나 사물을 잃어버리거나, 잃을 것 같은 위협을 느낀 때 일어난다.

이것은 주로 분노, 죄책감 그리고 수치심과 관련이 되어 있다.

외로움.

이 뿌리는 신생아일 적에 부모나 돌보는 가족으로부터 애정(묶임)을 경험해 보지 못했을 때 일어나는데, 아이는 밀접하게 신뢰할 수 있는 관계와 친밀감을 형성하는데 어려움을 겪는다.

그렇다면 지금 나는 무엇을 경험하고 있는가?

도   전

~~~ 히브리서 11장 1~3절 ~~~
믿음은 바라는 것들의 실상이요.
보지 못하는 것들의 증거니
선진들이 이로써 증거를 얻었느니라.
믿음으로 모든 세계가 하나님의 말씀으로 지어진 줄을
우리가 아나니 보이는 것은 나타난 것으로 말미암아
된 것이 아니니라.

꿈의 정황들

꿈, 비전이란 누구에게나 있기 마련이다.

또한 누구에게나 놓칠 수 없는 중요한 인생의 좌우명이
되기도 한다. 꿈이 있어야 인생의 목적이 생기게 되고, 목
적이 있는 삶은 가치를 추구해 갈 수 있다고 본다.

되풀이되는 이야기 같지만 나에게도 어릴 적에 꿈이 있
었다. 첫장에서 드러난 경험은 그대로 머물러만 있지는 않
았다. 믿거나 말거나 나에 대한 꿈은 나에게 만큼은 아주
소중한 꿈이었고, 나의 인생에 있어서 그 어떤 것도 대체될
수 없는 이상적인 꿈이었다.

나는 그 꿈을 가지고 있었기 때문에 가치를 추구해 나갈
수 있었고, 나의 삶의 목표와 방향을 정하게 되었다. 그리

고 꿈을 실현해 나가기 위해 현실과의 싸움에서 비록 파도타기 인생 경험으로 표현하고 있지만 훈련과 인내로써 승리해 가고 있다.

그러나 많은 사람들은 불행하게도 꿈을 쉽게 포기하거나 가치를 망각할 때가 있다. 그것은 삶의 진실을 왜곡하고 있기 때문이라고 생각한다.

가치를 발견해 내는 것은 창조이다. 진정한 인생은 새로운 가치를 발견하는 것에서부터 출발한다. 진정한 가치가 무엇인지 처음에는 잘 모를 수 있다. 그러나 포기하지 않고 파도타기 인생을 경험 하다보면, 어느샌가 진정한 가치의 의미를 깨닫게 된다.

진정한 가치의 발견은 변화의 첫 번째 단계를 시도하는 것이다.

나의 소녀 시절의 꿈은 감정을 표현하는 사람이 되고 싶었다.

말하자면 연예인이 되는 꿈이었다.

그러기에 나는 스타의 꿈을 안고 이상의 세계를 꿈꾸며 살아가고 있는 요즈음 젊은 세대들에 대해 누구보다도 해

주고 싶은 말이 많다. 또한 누구보다도 그들의 삶을 이해하며 공감할 수 있다. 왜냐하면 나의 어린 시절 꿈이 그들과 같았을 뿐만 아니라, 왜 그렇게 꿈을 추구하며 한없이 달려가고 있었는지에 대해서도 깨달았기 때문이다.

그들의 문제 가운데는 대부분 부모에 대한 책임감도 없지 않다는 것을 말해 주고 싶다.

나의 경험을 알게 되면 어느 정도 공감하는 부분도 있으리라 생각된다.

나는 자라오면서 한 번도 아버지 품에 안겨본 기억이 없다. 아버지는 동네 일 보시느라 자신의 일 하시느라 항상 바쁘셨다. 우리 집은 언제나 우리 동네를 찾아 온 보따리 장사들의 하숙집이었고 늘 사람들이 들끓어댔다.

아버지의 위엄은 항상 다른 사람들의 보는 관점과 기준으로 생각하셨다. 바르게 하고 인사 잘 하고, 품위를 잘 지켜야 하는 것, 그것이 우리 집에서 아버지의 체면과 최진사 댁의 가풍을 지키는 큰 몫이었고 자랑거리였다.

남녀 간에 차별을 많이 두셨다. 그래서 여자 자매들은 많이 배우질 못했다. 그 때 나는 꿈이 컸던 만큼 공부도 많이 하고 싶었다. 그렇다고 공부는 절대 잘한 것은 아니지만 무서운 아버지 밑에서 연예인이 되는 꿈을 꾸며, 환상을 갖고 억압된 삶 속에서 나는 그렇게 성장하게 되었던 것이다. 또한 아버지께 용돈을 한 번도 받아 본 적이 없었던 것 같다.

이렇듯 나의 자질과 감정에는 상관없이 나의 삶을 주도하셨던 아버지와 살면서 내 마음 속의 감정들은 날로 날로 굳어져 갔다.

빨리 어른이 되어야지. 그래서 세상의 날개를 달아야지. 좋은 환경을 가진 사람과 결혼해야지. 그러다 보니 이상은 높아지게 되었고, 현실이 없는 꿈은 나를 사망의 늪으로 점점 빠져 들어가게 했다.

꿈을 주는 이상은 억압된 자아가 자신의 정체성을 드러내 보이고 싶고 표현해 보고 싶어 하는 자신의 욕망이다. 욕망을 채워보고자 하는 자신의 이기적인 관심이다.

그러나 다행히도 이 시기를 잘 보낼 수 있었던 것은 주님을 알기 이전에 나의 삶에 좋은 경험을 주셨던 나의 사랑하는 어머님이 계셨기 때문이었다.

세상을 경험하던 일

나는 이렇게 항상 피해의식 속에서 살아왔었다. 아니, 어쩌면 나의 삶은 피해자도 되었지만 가해자로서의 삶의 일부로도 차지하며 살아왔는지 모른다.

그것은 환경이 그렇게 만들었고, 아니 그 말은 틀린 말은 아니지만 환경이 야속했다.

선도 안 보고 데리고 간다는 1남 5녀 중 셋째 딸, 형제들과 다른 점은 약하지만 하고 싶어 하는 꿈이 있었다는 것이다.

그렇듯 스타의 꿈을 가지고 있는 나에게 아버지는 날마다 소죽 쑤라고 하시고, 밭을 매라고 하시고, 농사일을 하라고 시키시곤 하셨는데 어땠겠어요.

그 때의 감정을 한 번 생각해 보십시오. 얼마나 분하고 원통한 일이었겠는가 말이다. 난 스스로 괜찮은 사람이라고 생각하고 살고 있었고, 그것도 스타의 꿈을 안고 살아가고 있는 딸에게 말이다.

아버지는 마구 종 부리시듯이 부리시고 나 자신에 대한 인격을 존중해 주시지 않으셨으니 말이다. 그렇게 어릴 때 꿈을 무시하는 아버지가 좋을리가 있었겠는가 말이다.

나에게 있으나마나 한 아버지는 차라리 없는 것이 낳겠다고 생각이 들었는지 난 스스로 고아가 되기로 결심했다. 그리고 아버지를 내 생각 속에서 지워버리고 어느 날 나는 집을 떠나버렸다.

아버지와 함께 살고 있다고 생각하면 계속해서 아버지를 의존할 수 밖에 없는 상황이 되고, 또 환경은 그렇지 않은데 이루어질 수 없는 것에 목을 메고 있는 내 자신이 더 이상 참을 수가 없었던 것이었죠.

쉽게 집을 떠나야 하겠다고 쉽게 결심하게 된 사건은 서울 신림동에 큰 언니가 살고 있었다는 것을 알고 있었기때문이었을 것이다.

1979년도에 집을 나와서 처음 대면했던 서울 거리는 분주하기 이를데가 없었다. 이 골목이 저 골목 같고, 저 골목이 이 골목 같고, 이 길인지 저 길인지 인생을 방황하고 있는 나 자신의 모습을 그대로 그려 놓은 것만 같은 생각이 들었다.

'타향살이 몇 해던가 손꼽아 세어보니 고향 떠나 십 여 년에 청춘만 늙어.' 그 때를 생각해보니 노래 가사 처럼 처량하기 짝이 없었네요.

집을 떠나 온 건 단지 나의 꿈을 펼쳐보고 싶었는데 세상은 생각만큼이나 만만하지가 않았었다. 같이 사는 언니마저도 매일같이 허황된 꿈을 꾼다면서 구박을 했고, 체계와 질서, 권위 아래서 아무 것도 모르는 청순한 소녀가 처음 경험하는 세상은 너무나도 서글픈 세상 같았다.

반겨주는 사람도 없었고 도와주거나 이끌어 주는 사람도 없으니 말이다. 그저, 어떻게 하면 꼬셔볼까, 어떻게 하면 자기편을 만들어 볼까, 유혹하며 저마다 서로 경계하며 씹고 으르렁대며 잘났다고들 아우성대고 난리가 아니다. 마치 우리 가정 안에서 일어나는 아귀다툼과 다를 바가 없었다.

무섭고 두려웠다.

어떻게 하면 이 험한 세상에서 스타의 꿈을 이루어가며 스타의 궤도에 올라 설수 있을까 걱정이 되었다. 그러나 나는 포기 하지 않았다. 계속해서 그런 고민과 갈등은 마음 속에서도 교차되고 있었지만 꿈을 버릴 수가 없었다.

한 번은 친구에게 만나자는 연락을 받았는데 그 친구는 조그맣게 광고가 실려있는 신문지를 오려서 나에게 가지고 왔다.

퇴계로에 있는 탤런트 학원에서 배우를 뽑는다는 광고였 다.

마치 배우가 된 느낌처럼 가슴이 울렁거렸다.

그리고 두근대는 마음을 가다듬고 하루하루 오디션 볼 날만을 손꼽아 기다리며 살았다. 하루가 천년 같이 흘러간 다는 말이 무슨 뜻인지 이해가 될 만큼 느껴졌다.

이윽고 실기시험 날짜가 다가왔고, 그날 설레는 마음으로 학원을 들어서는 순간 너무나 놀라지 않을 수 없는 광경을 보았다. 유명배우 2~3명이 심사를 하러 오셨는지 학원 안 에서 서성거리고 있는 것이 아닌가. 누구라고 이름은 밝히 지는 않겠다.

심사가 끝난 뒤 일주일 후 합격 통지서를 받게 되었다. 이 기쁜 감격적인 소식은 느껴보지 못한 사람은 감히 느껴 볼 수 없을 것이다. 서울 대학 합격한 느낌이라고나 할까.

진실을 말하게 하소서

물론 나는 서울대학 원서도 감히 써보지 못한 사람이지만 느낌상 의미가 그렇다는 것이다.

그 때부터 나는 그 곳에서 연기 실력을 쌓아가며 목적을 향해 달려갔다.

인생이 나를 속이고 있는 건지 내가 인생을 속이고 있는 건지 알 수는 없었지만 흘러가는 시간 만큼은 나를 속이지 못했다.

세월을 그렇게 보내는 동안 나는 운이 좋았던지 하나둘씩 좋은 사람도 만나게 되었고, 그 당시 가수지망생이었던 친구도 만나게 되었다.

세상은 생각했던 것만큼 그렇게 차가운 시선만은 아닌 것 같았다. 언니네 집에서 어렵게 다닌다는 것을 안 친구는 집이 장충동이었는데 함께 살기를 권유했다.

학원을 다니는 동안 좋은 사람들도 만나게 되었을 뿐 아니라 보너스로 가수 지망생인 장충동 친구 집에서 머물며 살게 되었던 것이다.

이렇듯 내가 진실할 때 세상도 진실하였다.

학원과 친구 집을 전전긍긍하며 열심히 연기 실력을 쌓고 있던 어느 날 드디어 연극의 첫 작품인 반공 드라마의 주인공의 역할을 맡게 되었다.

나에게는 꿈 같은 새로운 인생을 경험하며 실전에 임하게 되는 과정으로써 두려움의 새로운 경험이자 멋진 도전이었다.

공연을 하면서 무대 위에서도 또 다른 인생의 새로운 맛이 느껴졌다. 그러나 환상적인 꿈의 느낌은 아니었다.

추억을 떠올리려 하니 벌써부터 은근하게 입술이 흔들리면서 입술에 경련이 일어날 듯한 은근한 미소가 입가에 가득해진다.

드디어 수 없는 연습을 거쳐 첫 무대에 서게 되었다. 밥상을 들고 들어가 마루에 올려놓고 관객들을 살펴보는 대목에서 어이없는 실수를 하게 되었다. 연습할 때는 셋팅이 안된 마루에서 연습을 하다가 무대 실전에선 마루가 셋팅이 되어 있다는 것을 깜빡 잊어버리고 습관적으로 바닥에다 놓은 거였다.

관객들은 벌써 알고 '와! 쟤 얼었다.' 하면서 수군거리기 시작했다.

숨이 콱 막히는 것 같았다. 앞은 캄캄하고 관객들의 소리만 크게 들리는 데도 난 그만 몸이 얼어붙어서 다리가 옴

직여지질 않았다. 약 2~3분 정도 흘렀나. 대사도 까먹고 못 하고 있다가 무대 뒤에 있던 배우들이 대사를 가르쳐주는 덕에 간신히 상황이 수습되어 연기를 할 수 있었다.

한 번은 상대 역할을 하던 선배 이야기인데 극 중에서 남편 역할을 맡은 선배가 이북에서 살다가 무장공비로 한국으로 넘어와 사랑하는 아내를 찾는 과정이 있었다. 찾고 있던 아내는 이미 모 그룹의 회장 부인으로 살고 있었고 그 사실을 안 옛 남편은 아내를 찾아와 눈물로 호소하는 장면이 있었다.

눈물, 콧물 뒤섞어 가며 감정을 잡고 멋들어지게 연기를 하던 중, 갑자기 코에서 주먹만한 풍선이 불어지더니 꺼지지 않은 채 한참을 머물러 있는 것이 아닌가!

그 때 부인인 저는 감정을 잡고 있다가 대사를 이어가야 하는데 그 광경을 지켜보고선 어떻게 감정을 조절할 수 있었겠어요. 한참을 고개를 숙이고 이를 악물고 있느라 깨물고 있었던 안쪽 입술이 어찌나 아픈지 떨어져 나가는 줄 알았다.

또 기억나는 것은 감정을 잡고 서서히 다가와서 포옹하는 장면이 있었는데, 상대 역할을 하는 선배가 내 앞에 서

자마자 방귀를 뀌었는데 어찌나 크게 뀌었던지 대사를 잊어버릴 정도였다니까요! 그렇게 세월은 가고 있었고 남들은 이런 걸 보고 딴따라라고 하여 멸시도 했지만, 난 그때 그 시절을 생각하면 지금도 행복해진다.

어느 해 한겨울 전라도 광주에서 공연할 때는 눈이 얼마나 많이 왔었는지 허리까지 빠지는 해가 있었다. 홍도야 울지마라 신파극 중에 주인공 역할인 홍도를 맡았었는데 그것을 보려고 눈을 헤치고 공연을 보러오는 사람들이 있어서 보람도 있었지만, 극장비 조달이 어려워서 인어꼬리도 잡히고, 물건들도 다 빼앗기고 한 달 정도 여관에 묶여 있었던 기억도 생각이 난다.

해를 거치고 무대 위의 경험이 늘어날수록 공연 중에 웃기는 일이 있었어도, 실수가 생겨도, 방귀소리가 났어도 자연스럽게 넘어갈 수 있는 능력이 생기게 되었다.

환경이 주는 경험은 행복을 찾고, 두드리고, 열어보지 않으면 느낄 수 없다.

경험은 만들어 가는 것이다.

여러 경험 중에도 정말 웃지 못 할 사연이 있었다.

머리도 식힐 겸해서 어느 날 가수 지망생인 친구와 몇몇

친구들이 나이트를 갔었는데, 한 번은 제비족 오빠들한테
찍혔었나 보다.

조금 쑥스러운 고백같지만, 저도 미인이지만 제 친구들도
상당한 미인이었거든요.

멋있는 오빠인듯 해 조금 같이 놀았었는데 오빠들 나름
대로 생각이 있었는지 잠깐 따라 나오라는 거였다. 얼굴은
예쁘지만 순진했던 우리들은 영문도 모르고 얼떨결에 따라
가 보니 모텔 앞이더라구요.

당황스럽고 겁이 났었지만 거역할 수 없는 힘이 우리를
두려움에 사로 잡아 이끌어 갔어요.

가슴이 쿵쾅쿵쾅 뛰었습니다.

아마도 한평생 그 때 그 일보다 더 후회해 본 적이 없을
것이다. 너무나 두려워서 뵈는 것이 없었다. 후들거리는 마
음으로 그 때는 예수를 믿기도 전이었지만 오죽하면 한 번
도 해보지 않았던 기도를 드렸다. 지금 생각해 보니 뵈는
것이 없을 정도로 두려울 때 하나님을 찾게 되나보다 하는
믿음이 생긴다.

이윽고 방에 다다랐는데 아마도 3층 방인 것 같았다.

제비 오빠는 겉으로 보기에 내가 순진하게 여겨졌는지

아니면 그 때부터도 하나님은 나를 감찰하시고 내 기도를 들어주셨는지 위급한 상황을 피해 갈 수 있도록 길을 열어 주셨다. 나는 주님을 알지 못했지만 내가 주님을 알기 이전부터도 하나님의 자녀로 인정하고 계셨음을 확신한다.

제비 오빠가 나를 믿고 샤워실로 들어가고 있는데 보니까 창문이 조금 열려 있었다. 나는 뒤도 안 돌아보고 창문을 열고 뛰어내렸다.

그 때 그 순간은 어디서 그렇게 담대함이 생겼던지 정말로 보이는 것이 없었다. 죽기 아니면 살기로 뛰어 내렸는데 다행이도 담벼락에 고물인지 장작인지를 잔뜩 쌓아 올려놓은 곳이라서 비록 3층 높이에서 떨어진 것 같았지만 거리상 1층 밖에는 안 되는 높이였다.

다치지도 않았고 다만 신발이 없을 뿐이었다. 졸지에 나는 맨발의 청춘이 되었다.

겁에 질린 나는 무조건 달렸다.

내 학창시절 별명이 달렸다하면 쌕쌕이였다.

학창시절 대회 때 이 정도만 달렸어도 금메달감도 되었을텐데 왜 몰랐을까. 위급한 상황에 달려 보면서 이제 나는 나의 실력을 알게 되었네요.

지나간 일이라 여유있는 마음으로 써 보지만 그 때 상황은 장난할 수 없는 위급한 상황이었다.

퇴계로 방향에서 장충동 방향으로 넘어가는 모퉁이를 보면 깊숙하게 패인 굴 속같이 생긴 곳이 있었다. 목표를 일단 거기다 두고 한참을 달려가고 있었는데 뒤에서 누군가의 발자국 소리가 들려오는 것 같았다. 걸음아 나 살려라, 붙들리면 죽는다 싶어 젖 먹던 힘까지 다하여 죽어라고 달려가 굴 속 깊이 들어가 숨어 있었다. 누군가 달려오는 소리가 더 가까이에서 들리는 것 같았다 숨 죽여 가며 달려오는 발자국 소리에 귀를 기울여 보았더니 달려오는 숨찬 소리는 장충동 친구의 숨소리인 것 같았다.

그도 탈출하는데 성공했구나 생각하니 눈물이 왈칵 쏟아져 나왔다. 다행이도 친구가 굴 속 모퉁이를 돌아서려 할 때 드디어 친구인 것을 확인하고나서야 친구를 부르며 다가갔더니 혼비백산한 친구는 기절하기 일보 직전. 지금도 생각하면 울다가 웃음이 저절로 나온다. 그 친구는 양쪽 손에 구두 한 짝씩 들고서 달려 왔던가 보다.

자라 보고 놀란 가슴 솥뚜껑 보고 놀란다더니 '친구야' 소리를 '손들어' 하는 것으로 알아 들었는지 소스라치게 놀라더니 양쪽 손에 뾰족 구두 한 짝씩을 번쩍 치켜 든다. 조금 후 나라는 것을 확인하더니 안심이 되던지 갑자기 주저 앉아 소리내어 엉엉 우는 것이 아닌가. 놀라기도 했지만 어찌나 반가웠던지 한참을 서로 끌어 안고 울다가 집으로 들어갔었다.

그 때 일을 생각하니 지금도 양손에선 식은땀이 쥐어지는 것 같은 느낌이 든다.

여러분들은 이러한 경험을 하시면 안됩니다!

아무나 빠져 나올 수 있는 상황이 아니니까요!

내 인생의 스토리는 이렇게 시작이 되었다.

~~~ 고린도전서 3장 18절 ~~~
아무도 자기를 속이지 말라. 너희 중에 누구든지
이 세상에서 지혜 있는 줄로 생각하거든 미련한 자가 되어라.
그리하여야 지혜로운 자가 되리라.

결핍을 채우려는 욕망의 덫

연극인으로서 길이 열려지면서 부터 나는 감독이 지어
준 최다영이란 가명으로 살게 되었다.

계속해서 주연 작품 3가지를 더하고야 남편을 만나게 되
었다.

어느 날 상대 역할을 감당하던 배우가 군대 영장이 나왔
다는 소식을 듣고 집으로 철수하게 되었었는데 어쩔 수 없
는 상황에서 배역이 빠져 나감으로 급하게 배우가 필요 했

었다.

서울 모 극단에서 두 명의 남자를 내려 보냈는데 좀 건방진 이야기 같지만 내 상대역할로는 두 사람 모두 마음에 썩 들지 않았었다.

한 남자는 키가 작고, 한 남자는 멀대 같이 크기만 한 그런 두 남자를 보내왔다. 어쨌거나 둘 중 한 사람은 내 상대역이 되어야 했는데 그래도 내 키에는 맞추려면 어쨌든 키가 작은 사람보다는 큰 사람을 뽑아야 하니 그 날 큰 사람은 운이 대통한 사람이었다. 그렇게 해서 지금의 남편인 키가 멀대 같이 큰 남자가 나의 상대역이 되었다.

남편은 너무나도 착하리 만큼 말도 없고 표현도 잘 안했다. 또 눈만 멀뚱하게 바라보면서 시키는 일은 왜 그렇게 잘 하는지. 그것이 내 자아가 속임수로 이끄는 첫 번째 멍에가 된 것이었다.

남편은 내 아버지가 준 상처, 강하고 무서운 아버지의 상이 아니었다. 내가 이끄는 대로 잘 따라와 주고 내 말을 잘 들어 줄 것 같은 남자, 자상하고 이해심이 많을 것 같은 그 남자가 왠지 조금은 부족해 보이는 듯 했지만 그래도 그가 좋았었나보다.

가정 환경도 나의 욕망을 채워주기에 충분했던 것 같았다.

아버지께서 농학박사 교수에 가문을 보니 내가 꿈에도 그리며 시집가고 싶어 했던 가문이 아니었던가. 거기다가 말까지 잘 들어줄 것 같은 남편이 있으니 이상을 찾아 헤매고 다니던 내가, 마침내 그 꿈이 이루어질 현실에 대해서 생각할 때 천국을 바라보고 있는 듯한 기분이 들지 않았겠는가.

아버지로 대체된 남편, 내 남편으로부터 꿈이 이루어질 것이라고 생각하고, 인간 대접을 받을 것이라고 생각한 것은 착각이었다.

그것은 현실이 아니라 감정일 뿐이었다. 어릴 때 충족되지 못했던 욕구에서 오는 결핍의 찌꺼기들. 그것이 나를 꿈과 이상을 실현하게 하는데 스스로를 속게 했다.

당신의 꿈과 이상이 믿음으로 실현되고 있습니까!

아니 앞으로도 이루어질 거라고 확신하고 계십니까!

자신이 생각하고 있었고, 꿈꾸고 있었던 것들이 언젠가는 이루어질 거라고 믿는 것. 그것의 허상들이 우리를 멍들게 한다.

 혹시 그것이 아닐지라도 낙심하거나 실망하지 말고 꿈과 이상의 중독에서 벗어나 현실을 직시하는 지혜로운 사람들이 되었으면 좋겠다.

허 구

이상적인 것을 추구하는 삶은 패어진 마음이고 패어진 마음을 메우고자 목표를 세우고 그것만을 향하여 달려가게 하는 삶. 그것은 허구일 가능성이 높다.

나의 짧은 삶에서 보았듯이 이상적인 것은 비합리적인 것을 포함함으로서 우상, 즉 자신이 추구하는 '이상의 것(모델)'을 세워놓고 찾아 헤매게 하는 것이다. 그러므로 건전한 이상을 가진 사람은 건전한 길을 찾아가는데 있어서 잠시 헤매는 것 같으나 바른 길을 찾아간다.

패어진 마음이 갖는 이상적인 삶은 깨어진 독에 물 붓는 것과 같다고 말할 수 있다.

패어진 마음은 자아 정체성이 없는 것이다. 그래서 내가 누구인지 모르기 때문에 이상을 찾기 위해 방황하고 헤매다가 결국 인생을 포기하거나 아쉽게도 이탈하게 되는 인생을 살아가게 된다.

이상적이란 말은 가치를 추구해 가는 것이고 가치를 추

지상에서 가장 기쁜 일은 참된 하나님을 소유하는 것이다. - R. A. 토레이

구하는 것은 잃어버린 정체성을 찾기 위한 것으로서 계속해서 자신에게 채우라는 메시지로 자신을 유혹하게 한다.

'아는 것이 힘이다'라는 말이 있듯이 아는 것의 힘은 자신을 올바로 볼 수 있는 것, 자신을 보호하고자 하는 자신의 의지를 갖는 것, 속임을 당하지 않도록 예방하는 것이라고 말할 수 있다.

인생은 아는 것이 힘인 것만큼 알면 인생도 즐겁다. 우리가 알지 못하고 당하면 속상하고 억울하다. 천국도 침노를 당한다.

그러므로 무지한 것은 죄다. 우리가 잘 알지 못하면 천국도 빼앗긴다. 천국은 침노하는 자의 것이다. 우리는 무지함의 죄에 잘 속는다. 어떤 특별한 정체가 없는 것 이상의 것에 목숨을 걸며 살 때가 많다. 그것은 무의미한 것이다. 아무것도 아니다.

그것은 자신 안에 있는 힘, 중독들, 관념, 사상, 부패된 옛 것들이다. 그것들은 자신의 몸 안에서 익숙해져 있는 것들이기 때문에 스스로 끊어버리기 쉽지 않다. 책임성을 가지고 믿음으로 결단하고 끊어야 한다.

옛 것들은 보암직도 하고 먹음직도 하여 날마다 새로운

이상으로 자신을 유혹하게 한다. 보암직도 하고 먹음직도한 그 이상은 결국 자신을 실패하게 하고, 넘어지게 하며, 망하게 한다. 즉 자신을 혼돈시켜서 정체성을 잃어버리게한다.

그것들이 유도하는 의도된 목적은 상한 마음을 주려는데있는 것이다. 그러나 긍휼이 풍성한 하나님께서는 '우리에게 피할 길을 내사 너희로 지금 현재 이상에 빠져있는 상한 심령 가운데 임하사 상한 마음을 고쳐주신다'고 하셨다.

부패되고 상한 심령에 있을지라도 주님 안에서는 이렇듯안전하다는 것이다.

'이전 것은 지나갔으니 보라 새 것이 되었도다.'

이상은 자신을 새로운 피조물로 바꿔지게 하는데 방해물이 된다. 이전 것은 지나가고 새 것을 받아들이기 위한 시작으로서 아는 것은 힘이 되고 끊어버리는 것은 능력이 된다.

그러므로 이 책을 끝까지 읽어주시는 독자 여러분 모두에게 주는 필자의 메시지는 자신의 결단과 자신감과 책임성의 결과들을 가지고 더 깊게 하나님을 경험해 보면서, 인생의 파도타기에 도전하라는 격려와 함께 하나님의 참된 위로를 얻으시길 기원하는 바이다.

속임수가 주는
고통의 열매들

~~~ 출애굽기 6장 5-9절 ~~~

이제 애굽 사람이 종을 삼은 이스라엘 자손의 신음을 듣고
나의 언약을 기억하노라. 그러므로 이스라엘 자손에게 말하기를
나는 여호와라 내가 애굽 사람의 무거운 짐 밑에서
너희를 빼어 내며 그 고역에서 너희를 건지며
편 팔과 큰 재앙으로 너희를 구속하여 너희로 내 백성을 삼고
나는 너희 하나님이 되리니. 나는 애굽 사람의 무거운 짐 밑에서
너희를 빼어낸 너희 하나님 여호와인줄 너희가 알찌라.
내가 아브라함과 이삭과 야곱에게 주기로 맹세한 땅으로
너희를 인도하고 그 땅을 너희에게 주어 기업을 삼게 하리라.
나는 여호와로라 하셨다 하라 모세가 이와 같이
이스라엘 자손에게 전하나 그들이 마음의 상함과
역사의 혹독함을 인하여 모세를 듣지 아니하였더라.

가문의 차이

농사꾼의 자식으로 태어나 엄한 아버지 슬하에서 언니, 동생 감정을 드러내 놓고 서로 잘났다고 싸우며 서로 빼앗고 빼앗기기도 하며 실랑이하고 경쟁하며 뒤죽박죽 살아왔다.

그런 반면에 나와는 너무나 다른 환경과 문화에서 자라온 남편과 그의 가족에게 새롭게 적응하며 시댁의 문화에 맞춰 살기가 쉽지 않았다.

진정한 충고는 사랑할 때만 가능하다. - 박영선

물론 내가 자라온 배경이 싫어서 환경에 맞는 이의 아버지를 찾아서 만나서 살고 있는 것인데도 불구하고, 또 한 번 나에게는 인생의 파도타기를 경험하며 인생을 경주하고 살아야 하는 역동기를 맞이했다.

다시 태어나 맛보게 되는 또 다른 인생의 재경험은 이렇게 펼쳐 가게 되었다.

남편과 7년을 만나 연애하고 우리는 어려움 없이 결혼하게 되었다.

1986년 6월. 검은 머리 파뿌리가 되도록 서로 사랑하고 아껴주며 남편은 남편으로서 아내는 아내로서의 역할을 잘 감당하며 서로에게 책임감 가지고 살겠노라고 많은 축하객 앞에서 성부와 성자와 성령의 이름으로 성경책 위해 손을 얹어 서약하고 제주도로 신혼여행을 갔었다. 그리고 1년에 한 번씩 제주도로 여행을 와서 1년 생활을 점검해가며 신혼 여행의 아름다운 추억들을 새롭게 즐기자고 약속했다. 그러나 유감스럽게도 지금까지는 한 번도 지켜지지 않았지만 그렇게 될 것을 위해 소망을 가져보며 살아왔다.

신혼 여행을 다녀오던 첫 날 밤 어머님께서 저를 불러놓고 하시는 말씀 '개는 피곤하면 큰일 난다.' 하시면서 매사 조심해야 된다고 당부하시는 것이었다. 무슨 뜻인지 감은 잡혔었지만 좀 황당한 기분이 들었다. 아니! 지금 생각해봐도 기분이 이상해지리만큼 당황스러운 일이었던 것 같다.

잘 이해가 안 되시는 분도 간혹 있으시겠지만요! 그렇게 해서 어머님과 나의 첫 대면은 고부간의 심리적인 압박이랄까 아무튼 언짢은 관계로 시작이 되었다.

시댁은 3남 1녀 중 막내 아들인 나의 남편을 제외한 다른 가족은 모두 출가하여 각자 나름대로 평범한 가정을 꾸리며 살고 있었다.

아버님께서는 연구만 하시던 분이라서 그런지 학자답게 늘 조용하시고 검소하셔서 가정에서나 직장에서도 타의 모범이 되셨고, 또한 선하게 살아오셨던 것 같다.

가족의 분위기는 조금은 어색하리만큼 늘 아버님과 식구들은 분리되어 있는 듯한 엄숙한 분위기였고 아버님과 함께 하는 시간들이 별로 없었던 것 같다. 먹는 것도 따로 드려야 했고, 방 안에 아버님이 계시면 추운 겨울에는 물론이고 그 더운 여름 날씨에도 항상 문을 꼭꼭 닫아드려야 했다. 그래서 그런건지 집안 분위기가 그런건지는 잘 모르겠지만 내 눈에는 아버님은 늘 고독해 보이셨다. 그렇게 보이시는 아버님께 늘 말을 건네보고 싶었다. 그러나 안타깝게도 기회가 오질 않았다.

어머님께서는 아버님과는 다르게 명랑하시고 스케일도 크시고 욕심도 많으셔서 가족의 모든 행사를 어머님의 통제권 안에서 이끌어 가셨다.

하지만 내가 시집 와서 보고 느꼈던 것은 단 한 번도 화기애애한 분위기를 느껴보지 못 했다는 것이다.

엄숙하고 무게 있고 그것으로 가치를 느낄 만큼 그들의 문화는 경건한 모양은 있었지만 행복을 느끼며 표현하며 살 수 있는 분위기는 아니었다.

경건함을 드러내 보이려고 하는 의도성을 가지고 살아가고 있는 것 같았다. 그 분들의 삶을 보면 믿음이 있노라 하면서 하나님의 능력을 믿지 않는 것 같아 보였다.

상대방의 인격과 상대방의 가치를 인정해 주지 못하는 것, 그것이 오늘날 경건한 모양만 갖추고 있는 종교와 국가, 사회의 문화적인 병폐이다. 그것은 종교적인 문화의 습성이요 가치관의 허점이다.

세상 문화에서 영향을 받아왔던 종교성을 왜곡되게 보는

것이라고 말할 수 있다.

전적인 문화적 타락이라고 할 수 있다.

나의 시댁 분들은 소문에 법 없이도 사는 사람들이었다고 한다. 누구나 인정할 만큼 삶에 충실하고, 또 내가 보기에도 그러했다. 그러나 하나님은 한 사람을 천하보다 더 귀하게 여기시고, 한 사람의 인격에 더 많은 관심을 가지고 계시다.

교회를 잘 나가는 것만이 믿음이 아니다. 우리는 종교성을 가지고 믿음으로 착각하며 살아가고 있다. 믿음은 행함으로 나타나는 현상이 있다. 보이는 한 사람을 포용하지 않는데 보이지 않는 하나님의 말씀을 어찌 믿는다고 말할 수 있겠는가! 그것은 그들의 잘못된 가치관에서 오는 종교적인 모순이요, 허점이다.

나는 그 당시 믿지 않는 가정에서 들어왔다. 어떻게 했겠는가. 믿음의 텃세는 그렇게도 한 여인에게 인생의 한스러움을 품고 살아가게 했어야 하는 것인가 의문을 제기해 본다. 아직도 이 땅에 살면서 나의 인생에 있어서 꼭 겪어가야 할 피할 수 없는 길이 있다면, 이제는 내 인생이 드려야 할 그 시간 안에 하나님 앞에서 즉시 순복하고 다시는 돌아가지 않는 인생을 살아야 겠다는 다짐을 멋지게 해 본다.

해 아래 새 것이 없다고 하신 말씀이 생각난다.

점잖은 학자의 가문도 고지식한 농사꾼의 가문도 이상과 현실과의 차이에서 오는 갈등은 생각하기 나름이고 극복하기 나름이라는 것을 깨달았다.

성경 속에 나오는 인물 중에 야곱의 운명이 어떠한가를 보아 알고 계시리라 생각되어 진다. 야곱의 운명의 길이 때로는 나의 길이 아닌가 하는 생각이 들 때도 있다.

야곱을 보시면 장자권을 얻기 위해 에서인 형에게 팥죽 한 그릇을 주고 장자권을 얻었다.

나를 알고 적을 알면 백전백승 이라는 말이 있듯이, 나는 그런 면에서 야곱의 인생을 상당히 긍정적으로 보는 편이다.

그는 오래 전부터 목표가 있었고, 그가 세워 놓은 목표를 위해서 늘 기회를 보면서 남 모르게 준비하고 있었다. 그러던 중 그가 준비해 왔던 목표를 이룰 수 있는 기회가 찾아 오게 된 것이었다.

자, 우리는 이럴 때 얼마나 망설이게 되는가?

이래도 되는 건지 하는 망설임으로 무엇이 중요한 것인

지도 깨닫지 못하고 바람에 날리는 갈대와 같이 이리저리 흔들리다가 그만 목표를 잃어버리거나 포기해 버리기가 일쑤다. 자신의 주체가 없다.

야곱이 꿈을 이루기 위해 오랫동안 준비해 온 것을 즉시 시행할 수 있었던 것은 상대가 무엇을 원하고 있는지, 자신이 무엇을 지극히 필요로 하는 것인지에 대해 찾았기 때문이다. 또한 중요한 것은 그에게 온 기회를 놓치지 않았다는 것이다.

야곱의 형인 에서의 필요는 육의 양식, 허기를 잠시 피해 갈 수 있는 팥죽 한 그릇이었다. 그러나 야곱의 필요는 전 생애를 바쳐서 얻을 수 있는 장자권에 있었다.

우리가 인생을 살아가면서 놓치기 쉬운 것은 내가 무엇에 관심이 있느냐, 무엇을 중요시 하고 있느냐는 것이다. 그것을 놓쳐버리면 인생을 우왕좌왕 하며 살다가 그만 뿌연 안개와도 같은 인생을 살다가 의미없이 사라져 버리게 된다.

에서의 경우와 같이 순간적인 판단으로 팥죽 한 그릇에 전 생애가 바뀔 수 있는 상황이 된다.

천국은 침노하는 자의 것이다. 그러나 야곱은 가치에 대해서 아주 소중함을 깨달았다. 그는 소중한 가치를 발견하고는 절대 놓칠 수가 없었다.

그가 행하고 있는 상황을 보면 최선을 다하고 있는 상황이 느껴진다. 야곱은 아버지께 장자의 축복을 기도받기 위해 가짜인 에서로 속이고 앞이 잘 보이지 않는 아버지께 거짓말을 해야 했다. 아버지를 속여 에서의 역할을 감당하는 과정에서는 손에 땀이 쥐어지게 한다.

야곱은 가치를 인정받고 싶었고 그의 가치에 대한 권리를 끝까지 포기하지 않았다. 그리고 책임성을 가지고 권리를 찾아가는 동안에 야곱은 모든 상황과 환경들을 극복하며 나아갔다.

야곱이 처해있는 환경과 그의 처지는 오랫동안 변화가 없었지만, 자신의 권리를 찾았던 야곱은 환경의 어려움들에 대해 후회하거나 환경을 불평하거나 원망도 하지도 않았다.

천국 열쇠는 그렇게 인생에 있어서 불필요한 것 같지만 힘든 환경 속의 모든 어려움들을 이기고 갈 만큼 소중한 것이다. 그가 더욱 자신있었던 것은 책임성을 가지고 자신의 권리로서 사랑하는 아내를 선택할 수 있었다는 것이고,

사랑하는 아내를 얻기 위해 책임을 다하는 모습을 볼 수 있었던 것이다.

그는 삼촌과의 약속에서 배신당하는 것을 경험한다.

자신이 비록 아버지에게 형이라 속인 적은 있었지만 우리의 인간은 자신이 어떻게 행동한 것에 대해서는 금새 잊어버리고 당장 남이 나에게 어떻게 한 것만 생각하고 기분 나빠서 흥분하게 된다.

그러나 야곱은 자신이 아버지에게 형이라 속인 것을 잊어버리지 않았다. 자신의 약점을 인정하듯이 삼촌이 자신을 속인 것에 대한 책임을 지게 했고 자신도 아내를 얻기 위해서 또 다시 삼촌네 집에서 머슴살이 7년을 연장하여 자신이 선택한 길에서 책임감을 가지고 살아갔던 야곱의 인생의 역경 스토리에 박수를 보낸다.

하지만 그도 마찬가지로 앞으로 처할 환경에 대해서는 두려움을 가지고 살았다. 야곱이 펼쳐 보인 인생 앞에서 나의 남은 인생, 미래의 삶도 도전해 본다.

이상에게 이끌린 속임수가 주는 고통

술에 의존적인 남편.

연애할 때야 어떤 것에 눈이 멀어, 아니 가문에 눈이 멀어 그냥 그렇게 넘어갔겠지만 결혼하고도 매일 술 마시고 들어오는 남편을 어떻게 이해할 수 있겠는가!

남편의 불규칙한 생활은 나의 전 생애를 흔들어 놓기 시작했다.

나의 이상을 본 그 환상은 깨어지기 시작했고, 나의 이상을 본 건 단지 잠시, 나 스스로에게 속았던 속임수였다는 것을 조금씩 느껴갔다.

내가 본 이상은 남편이 아니라 환경이었고 시아버지였다는 것을 알았다. 그것은 부재 중이셨던 내 아버지를 이상화

시켜 놓고 내 삶을 그 안에 끼워 맞추어 넣으려고 한 것이었다. 그것은 현실이 아니었다.

시아버님의 인격은 내 남편의 인격이 될 수 없었고 나의 친정아버지를 대신해 줄 수 있는 이상의 실체는 더욱 아니었음을 알게 되었다.

하지만 난 이미 속아 있었다. 그리고 그 속임수가 주는 환경 속에서 어쩔 수 없이 환경에 속아주며 자신을 포기하며 살 수 밖에 없었다.

아버지의 지엄하신 말씀이 생각났다.

"여자는 한 번 시집 가면 죽어도 그 집 귀신이 되는 것이다."

라는 명언 아닌 명언이.

그것 또한 속임수였다는 것을 뒤늦게야 알게 되었다. 속임수는 나의 마음 안으로 침투하여 들어왔고, 나의 한계로는 감당할 수 없는 시달림으로 나를 옭아 매기 시작했다.

춥고 배 고팠던 시절의 성냥팔이 소녀처럼 이상을 찾아 헤매다가 이상을 만나 현실을 꿈꾸며, 꿈이 이루어질 것에 대해 기대감으로 살아왔었는데 그 꿈은 허망한 것이고, 허상이고, 이루어 질 수 없는 나의 이상, 그 자체였다는 것을 알았을 때, 이미 나는 너무나 많은 방황과 돌이킬 수 없는 현실에서 직면하고 있었다.

먼 길을 여행하고 돌아온 탕자처럼 꿈에서 깨어나 보니 이제 더 이상 현실은 이상일 수가 없었다.

학자 가문이라고 해서 정말로 성숙하고 점잖은 사람인 줄 알았는데 남편은 자라다가 멈춰버린 5살 짜리 성인 아이였다.

신혼 생활 중에 일주일에 한 번씩 시댁에 갔었는데 갈 때마다 월급타서 생활했던 근황들을 어머님께 낱낱이 보고해 드려야 했다.

처음에는 왜 그런지 이해가 잘 안 되었다. 한 번 물으시고 끝나는 것이 아니라 온종일 따져 물으시면 5~6번도 더 물어 보신다. 그리고 내가 없을 때 똑같은 물음으로 남편에게도 다시 물어보시곤 하셨다.

내가 의심이 가셔서 그러셨던 건지 그 대답이 똑같이 나오나 안 나오나 못 미더우셔서 시험 해 보시려고 그러신 건지는 아직도 의문으로 남아있지만 어쨌거나 미운 오리새끼 처럼 시집살이는 그렇게 어머님의 지나친 관심으로 시작되었다.

시어머님의 관심은 나의 뼈를 마르게 할 정도로 사나우셨으며, 나를 극도의 훈련 속으로 몰아가시고, 살기를 위해 몸부림치는 나에게 그야말로 남편은 5살 먹은 성인 아이 그 자체로만 있을 뿐, 내가 알지 못하는 웅덩이에 빠져서 허우적 대며 구원을 요청할 때도 남편은 늘 방관자적인 입장에 서 있었다.

명절 이틀이나 삼일 전에는 꼭 시댁에 가야했었고, 시댁에 가면 난 거의 그 집에 파출부로 들어간 것이나 다름없었다. 스텐 그릇을 산더미처럼 쌓아 놓으시고 내가 닦으면 반짝반짝 깨끗하게 닦아 놓고 간다고 하시면서 내가 올 때마다 꺼내 놓으셨다.

명절 세고 집으로 돌아 올 때는 부침개 모서리 잘라 놓은 것만 모아서 잔뜩 싸주셨다. 우리 가족한테는 양만 많이 주면 된다는 생각이셨던 것이다. 둘째 형님네 아이들이 시댁에 오다가 차안에서 먹다 남은 과자, 빵부스러기를 함께 보따리 속에 넣어 주시며 가서 우리 아이들에게 먹이라고 하신다.

그것은 막내 아들을 사랑하신 그 분만의 표현이었으리라 생각한다.

일이 있을 때마다 시댁에 갔다 오면 오줌소태가 나서 여러 날을 애먹고 살았었다. 너무나도 사는 것이 답답했다.

말이 없는 그가 점잖고 좋아 보였었는데 알고 보니 말을 잘 할 줄 모르는 미숙아였고, 다른 사람들이 오해하고 질투할 만큼 나만 붙어 다니나 했더니 그것은 집착이었고, 나의 의견을 잘 들어 주는가 했더니 그것은 의존이었다.

남편은 경험도 없고 자신감도 없으니까 나만 붙잡고 살아왔던 것이었다. 나는 그것도 모르고 어릴 적에 집중해 주지 못한 아버지가 나를 사랑하지 않는다고 해석했던 것처럼, 남편은 아버지의 반대 상황으로 나에게 집중하는 것 같으니까 그것이 사랑이라고 생각하고 착각했던 것이다. 그러다보니 나만 바라보고 있는 남편이 이래도 좋고, 저래도 좋았던 거였다. 외면당하고 사는 것보다는 관심 받고 사는 것이 얼마나 다행인가 싶었던 거였다.

날이 갈수록 인간의 한계는 참을 수 없었던지 나의 몸이 이상을 말하기 시작했다. 누구 한 사람 봐주지 않는 외로운 길을 혼자서 힘겹게 가기에는 내 몸에도 한계가 있었나보다.

어머니에 대한 갈등, 형님에 대한 갈등, 남편에 대한 갈

등, 난 그만 더 이상 환경을 받아들일 수 없는 좌절 때문에 설사를 하게 되었다. 그칠 줄 모르고 나오는 설사는 계속 되었고, 병원에 가서 진찰을 받아보니 신경성에 의한 것이라고 했다. 나를 더욱 가슴 아프게 하는 것은 신경성이라는 진단을 받고나니까 남들이 더 알아주질 않는 것이었다. 뭐라고 하면 신경성이라고 하잖아 하면서 오히려 핀잔을 주며 나의 고통을 인정해 주지 않았다.

그렇게 7년 동안 설사는 계속 되었다.

그 한 많은 세월을 어떻게 지내왔는지 생각해보니 죽지 않고 살고 있는 것만도 용하다고 생각되어 진다. 오죽했으면 의사가 50%의 가능성만 믿고 맹장을 떼어 보자고 해서 맹장도 떼어냈었겠는가. 그러나 아무런 변화도 나타나지 않았었다.

세월이 흘러 어머님이 돌아가시고 한 달 만에 설사가 멎었다는 사실은 또 한 번 놀라운 일이 아닐 수 없었다.

그 당시 어머님의 위세는 친정아버지보다도 더 무섭고 나에게 삶의 부담이 더 컸었다. 교회를 다닌다고 하시는데 어쩌면 그렇게 내 새끼 밖에 모르셨는지. 일주일 내내 술 먹고 다니며 남들에게 업혀 오는 아들을 볼 때마다 아들의 몸이 축났다고 야단이셨다.

결혼해서 얼마 동안은 주일마다 한 번씩 시댁에 가서 자고 왔었는데 월요일만 되면 가슴이 뛰었었다. 남편의 출근 시간인 9시가 조금 지난듯하면 따르릉 전화 벨소리. 영락없는 어머님의 사나운 말씀으로 '걔 꼴이 왜 그 모양이냐.' 야단치시며 인삼 물 끓여 먹이라고 호통치시는 소리에 주눅 들어 말도 못 하고 눈물만 뚝뚝 흘렸던 처량한 내 신세.

첫 아이 임신 8개월 때, 배가 남산만 하게 불러 있는 나에게 엄동설한에 두 분 형님들 것까지 김장 김치 담근다고 뒷뜰에서 용쓰게 하신 어머니.

나는 힘에 겨운 나머지 팔십먹은 노인처럼 팬티에 똥을 질질 묻히고 다닐만큼 힘겨웠던 그 날의 기억들을 어떻게 잊을 수 있단 말인가.

스텐 그릇 잘 닦는다고 산더미같이 쌓아 놓고 힘 빠지게 하시고, 설사해서 7~8kg 빠진 며느리 얼굴은 안 보이고 아들만 보이는구나!

결혼하고 1년 만에 딸 아이를 낳았는데 임신 도중 우유가 얼마나 먹고 싶었던지 추석 명절 쉰다고 온 가족이 모여 있던 날 그 말 한 마디 했다가, 집구석에 있으면서 무슨 우유를 받아 먹냐 하시면서 직장 나가는 당신 자식이나 하나씩 시켜주라고 하시더라.

무서운 어머님 말씀에 순종하느라고 먹고 싶어도 참고 남편만 시켜줬었는데 5살 짜리 남편은 꼬박꼬박 받아먹고 출근하기 바쁘네.

설탕물을 풀어서 식빵 찍어 먹으며 입덧을 달래던 서러웠던 그 날들을 어떻게 잊을 수가 있단 말인가.

아이 낳고 산후조리 해 줄 사람이 없었다.

언니가 서울에서 인천까지 왕복 4시간을 달려와 산후조리 해줬던 일. 내 인생에 잊을 수 없는 고마운 일들이었다. 살다보니 인생이 왜 그렇게 쓸쓸한 건지 내 곁에는 늘 도와주는 사람들이 아무도 없다고 불평하고만 살았었는데 지난 날을 돌이켜 생각해 보니 때때로 친정 식구들의 도움을 받아 위기를 잘 넘어갔던 고마웠던 일들이 생각나네요.

시간이 흐르고 어느새 연년생으로 둘째 아이를 임신하게 되었다. 남편의 술 중독은 날이 가면 갈수록 더 심해지는 것 같았다.

시댁 식구들의 기준에서 보면 남편은 애기라 그 애기가 직장 생활하랴, 남편 구실하랴, 아빠 노릇하랴 얼마나 힘들었겠는가. 그래도 직장 생활에는 충실해줬던 것이 나에게는 가장 힘이 되었던 것 같다.

지나간 이야기이지만 지금도 이 일을 생각하면 웃어야 할지, 울어야 할지 상당히 당황스런 일이 아닐 수 없었다.

하루는 술에 취해 들어오는 남편이 갑자기 장롱 문을 급하게 열어젖히더니 바지 지퍼를 열고 어이없게도 오줌을 싸고 있는 것이 아닌가. 아깝게도 시집올 때 가져왔던 솜이불을 다 버리게 되었는데 지금도 겨울이 되면 그 때 솜이불이 생각이 난다.

또 한 번은 새벽 1시 쯤에 술에 취해 들어오는 남편을 보니, 집을 짓기 위해 공구리를 쳐 놓은 데서 넘어졌는지 얼굴 한 쪽에 공구리를 붙이고 들어왔다. 웬수 같은 남편은 복을 붙여 들어온 것도 아니고 웬수 같은 짓을 또 하고 들어왔으니 어쩌면 좋겠는가.

얼마나 두렵고 떨렸던지 얼떨결에 어머님한테 전화하게 되었다. 아들이 이만저만해서 걱정이 되어서 전화했다고 하니까 '너네들 일인데 이 밤중에 전화해서 시부모 주무시는데 버릇없이 잠을 깨고 자빠졌다.'고 하시면서 전화를 끊어버리셨다.

정말 당황스러웠다. 그것이 그렇게도 부모님한테 잘못한 것이란 말인가. 아들 문제였는데 어쩌면 그렇게도 무관심할 수가 있단 말인가!

아내의 이런 끔찍한 사정에도 아랑곳하지 않고, 남편은 얼굴 한 쪽에는 공구리를 묻힌 채로 술에 취해 늘어져 자고 있었다.

그런 모습을 지켜보고 있는 나 자신이 얼마나 비참하고 어리석었던지 후회와 번민 속에서 누가 나를 이 끔찍한 늪에서 건져줄꼬. 한 없이 눈물만 쏟아져 나왔다.

도대체 어쩌란 말인가. 한참 만에 오빠에게 전화해서 도움을 받았다. 그러나 오빠의 조언대로 알코올로 닦고 따뜻한 물에 아무리 씻어내도 없어지질 않았다. 밤새 잠도 못 자고 있다가 아침이 밝자 남편을 병원으로 데리고 가서 결국 긁어내는 수술을 받았다.

그 때가 둘째 아이 임신 초기였는데 이러고는 더 이상 못 살 것 같다는 생각이 들었다. 어떻게 해야할지 혼자서 고민하다가 아이를 지우려고 산부인과를 몇 번이나 왔다 갔다 했었다. 그렇지만 결국 아이를 지우지 못하고 낳게 되었는데, 요놈의 자식이 나오자마자 인큐베이터에 들어가게 되었다.

아들에게 미안했다. 세상에 나오기도 전에 엄마가 아들을 거절하려 했던 것이 무척이나 마음에 걸렸다.

'미안하다. 아들아, 제발 살아만 있어다오.' 기도했다.

아이가 엄마 뱃속에서 나오다가 이물질을 너무 많이 먹어서 세상에 나오자마자 위청소를 했다고 한다. 그리고 황달이 너무 심해서 위험하니 인큐베이터에서 며칠 경과를 지켜봐야 한다고 했다.

죽을 고비를 겪고 며칠 만에 퇴원을 했는데도 시댁 식구들은 누구 한 사람도 와 보지 않았었다. 많이 속상했었다.

연년생을 낳고, 둘째 아이 때 또한 산후조리 해 줄 사람이 없었다. 이만 저만하여 15일만 산후조리사를 사서 쓰겠노라고 어머님께 말씀드렸더니 남편 등골 빼먹으려 한다면서 '옛날에는 애 낳고 바로 밭에 나가 일했다. 아파트에 살면서 무슨 복에 겨운 소리를 하냐.'고 야단을 치셨다.

그것도 그렇다 하니까 어쩌겠는가. 내가 힘이 있어 어머님을 이기겠는가, 남편이 능력이 있어서 어머님을 이길 수 있겠는가. 더욱 속상한 것은 그런 중에도 남편은 아무런 대책을 세워주지 않았다는 것이다.

또 다시 서울에 사는 언니가 일주일을 와서 도와주었다. 자랄 때는 지지 않으려고 서로 싸우고 앙앙대며 미워했었는데, 그래도 내가 가장 어렵고 가장 필요할 때마다 도움이 되어 주었던 언니, 이번 기회를 통해 언니에게 특별히 고마움을 전하고 싶다.

그 후에도 많은 일들이 있었지만 그것이 내가 선택한 이상의 꿈을 실현해 나아가는데 대한 대가를 치르며 살아가는 파도타기의 훈련하는 과정이었다.

새로운 환경에 접어들면서 두려움도 많았지만 아슬아슬하게 은혜로 넘어갔던 적도 많았던 것 같다.

'모든 것이 가하나 모든 것이 다 나에게는 유익한 것이 아니였으리라.' 생각한다.

~~~ 하박국 1장 13절 ~~~
주께서는 눈이 정결하시므로 악을 참아 보지 못하시며
패역을 참아 보지 못하시거늘 어찌하여 궤휼한 자들을 방관하시며
악인이 자기보다 의로운 사람을 삼키되 잠잠하시나이까.

보암직도 하고 먹음직도 한
그것에 속임수가 있었다.

오랜만에 동창을 만나러 서울에 갔다온다고 하면서 나갔던 남편이 새벽에 고주망태가 되어 나타났다. 어렵게 꺼낸 말은 친구와 동업을 해야겠다는 것이었다. 취기에 한 소리인가 생각했더니 그 다음 날에도 맨 정신으로 이야기를 열었다.

미스코리아 같은 여직원만 약 20명을 두고 출판 경영을 하는 친구가 있는데 사무실도 거창하게 차려 놓고 사업을 멋지게 하고 있더라나! 남편에게도 이제 여자가 눈에 보이기 시작했나보다.

보암직도 하고 먹음직도 한 것에 눈이 휙 돌아갔는지, 그런 기회는 단 한 번뿐이라고 생각한다고 하면서 그 사업에 꼭 동참하고 싶다는 거였다.

남편의 이상이 그 곳에 꽂히게 했다.

남편은 계속해서 나를 졸랐고, 나중에는 부모님과 형제들까지도 그 일을 알게 되었다.

그 때 형이 말한 소리를 지금도 기억한다. 동생보고 하는 말. '네가 1억을 구할 수만 있다면 내 손에 장을 지지겠노라.'고 하면서 그렇게만 되면 동생이 해달라는 대로 다해준다고 했던 말. 얼마나 무능하고 바보 같은 동생이면 그런 소리를 친형한테 듣는가 싶더니 지나고 보니 형님의 뜻을 조금은 알 것 같다. 약지 못한 남편이 사업을 이끌어 가는 데는 자질이 없다는 뜻이었다고 믿어진다.

그러나 용케도 1억을 넘게 빌려와 사업을 하게 되었는데 물론 형은 자신 손에 장은 지지진 않았고, 또한 동생이 해달라고 하는 것을 형이 어떻게 해줬는지도 모르겠지만 아무튼 간에 그 때부터 나의 인생은 더욱 강렬한 파도타기의 인생역경 안으로 스며들어가는 계기가 되었다.

막무가내의 핍박과 회오리 바람은 바람 잘날 없이 나의 전 인생을 흔들어 놓았다.

마침내 시부모님은 나한테 화살을 돌려 놓고 마누라가 못 말리면 누가 말리냐고 소리치셨다. 술 먹는 것도 내 책임, 사업하겠다고 하는 남편을 못 말리는 것도 내 책임이란다.

나는 이혼을 각오하고 동업을 말렸으나 남편은 무릎을 꿇고 빌었다. 일생일대 이번 기회는 놓치고 싶지 않다고 하며 고집을 부렸다. 결국 동의하지 않는 나를 따돌리고 혼자서 일을 추진하게 되었는데, 그 때부터 가계에 흐르는 저주가 우리 가정으로 침투하여 더 큰 환란을 초래하게 되었다.

그 당시 우리 가족이 살고 있던 곳은 경기도 지역이었다. 집을 담보 잡히고, 어머님을 졸라 대출받고, 이 모양 저 모양으로 돈을 구해 투자하게 되었다고 하는데 난 전혀 그 사실에 대해서 알지 못했다.

그리고 3개월이 지났을까. 직장이 멀어서 불편하다고 이사를 해야 한다고 하길래 그런가하여 이사를 하게 되었다.

내가 살고 있던 집이 나가기도 전에 집을 얻어놨다고 했다. 하루빨리 옮겨야 자신이 출퇴근하는 것이 편할 것 같다고 했다. 그 때 살고 있던 집은 우리 소유가 되어있는 집이었으니까 세 주는 것이 그렇게 급할 것은 없었다.

이사한 지 6개월이 될 때쯤 서울에 살던 집주인이 찾아왔다.

무슨 일인가 했더니 현재 살고 있는 집은 전세가 아니고 월세로 계약이 된 것이었고, 그 월세마저도 4개월이나 밀렸다는 거였다.

얼마나 당황스러웠고 배신감이 들었던지 파도타기의 두려움과 공포는 나의 삶 가운데 쉴새없이 몰아 닥치고, 걷잡을 수 없이 속속히 드러나는 빚과 친구에게 보증서 준 증거들이 나타나게 되는데 감당할 수 없었다.

드디어 물건에 차압이 들어오고 집은 온데간데 없이 사라져 버렸다. 내가 어떻게 장만한 집인데, 가진 수모와 역경을 이겨내며 얻어진 우리 가족의 보금자리였는데 1년을 넘기기도 전에 우리 가족은 대풍랑을 만나게 되었던 것이었다.

1989년 둘째 아이를 낳기 전에 인천에서 잠시 살았었다.

코오롱 건설에서 시범아파트를 지어서 조금 싸게 판다는 소문이 있었다. 이미 부동산에 나와 있는 물건은 프리미엄이 3~5백만원 붙어 있었다. 그런데 부동산엔 나와 있지 않은 미분양된 물건 몇 개를 아직도 회사측에서 직원용으로 가지고 있다는 소리를 듣고 때마침 아주버님께서 코오롱 건설에서 근무하고 계실 때라 혹시나 그 물건을 회사직원용으로 살 수가 있나 해서 형님께 도움 요청을 드렸다.

얼마 후 연락을 받았는데 형님네가 샀다고 했다. 이제 내 집이 생겼나 생각하니 마음이 들뜨고 흥분되어 떨리기까지 했었다. 그러나 그 감격은 얼마 지나지 않아 싸늘한 기운으로 돌아왔다. 어머님의 말씀인 즉, 형님 이름으로 사 놓고 우리에게 전세로 놓겠다고 한다는 것이다.

이럴 수가 있단 말인가! 형님은 그 때 부산에서 살고 계셨다. 그리고 그 집 살 만큼의 돈은 나에게도 계산이 다 되어 있었던 것이라서 그 이야기를 듣는 순간 너무나도 야속했다. 그러나 이번 일만큼은 그냥 넘어갈 수가 없었다. 아이들을 데리고 시댁으로 갔다. 물론 본전도 못 찾고 올 것을 알았지만 어떻게 된 일이었는지 한 번은 해명을 해드리고 싶어서 였다. 그러나 역시 어머님은 내 소리가 들리지 않으셨다. 형이 집을 사니까 배가 아파 저 지랄이라고 하시면서 역정만 내셨다.

집으로 돌아온 나는 그대로 집을 포기하기가 아까웠다. 조금 무리했지만 프리미엄을 3백만원을 더 주고 15층 아파트를 장만했다.

내 집이 마련된 그 곳에서 둘째 아이를 낳고 다복한 생활을 하고 있었다.

그러던 중 집이랑은 인연이 없었던지 1년이 지났을까 남편이 오산으로 직장을 옮기게 되었다. 집을 어떻게 해야할까 고민하다가 팔고 경기도 오산에다 새로 사기로 했다. 그때쯤엔 오산의 집 값도 무척이나 쌌고 미분양 된 것이 많아서 집은 쉽게 구할 수가 있었다. 평수가 커지니까 세금도 더 많이 나왔고 샷시하는 것도 만만치 않았다. 그래서 내 기억으로는 어머님이 곗돈 타서 6백만원 정도를 도와주신 것으로 알고 있는데 그 점에 대해서는 식구들에게 조금 오해가 있는 듯하다.

그렇게해서 더 큰 집을 마련하고 2년 정도를 살고 있었는데 날벼락도 유분수지 순식간에 집이 공중분해된 것처럼 없어졌으니 어떠했겠는가.

그 때가 유감스럽게도 딸 아이가 초등학교 들어가던 시기와 맞물려 있던 때라 끝내버리고 싶었어도 여건이 또 그렇게 되질 않았었다. 예쁜 딸 잘 키우고 싶었는데 그것도 마음의 욕심이었는지 환경이 계속 나빠져 뜻하지 않게 이사를 1년에 3번씩이나 가야 했고 전학도 그에 맞춰 3번 씩이나 가야 했었다.

딸 아이가 초등학교에 들어가자마자 사회를 경험하면서부터 공인된 상처를 받아야 하다니 너무나 가슴 아픈 일이 아닐 수 없었다.

가정이 이만한 처지에 놓이게 되면 누구든지 교회를 가보라고 말할 수 있을 것이다. 물론 그 와중에도 교회는 열심히 나갔었다. 왜냐하면 교회를 열심히 다니시는 어머님 마음에 그나마 들고 싶어서였다.

남편이 먼저 교회를 나가자고 해서 처음 교회를 나가게 되었으니 아이러니하게도 하나님을 알게 되는 동기는 웬수 같은 남편에 의해서였다.

항상 웬수 같았지만 그럴 때마다 하나님의 음성이 들리는 것 같았다. 원수를 사랑하라. 남편 때문에 구원의 방주에 들어가게 된 동기와 고마움을 깨닫게 하시고 가정을 지키게 하셨다.

그 후에도 계속해서 어려움이 생기게 되었다. 나와 아이들은 어떠한 대책도 마련할 여유도 없이 환경이 처하는 대로 이끌리며 살아가야 했다.

어떤 것도 계획을 잡을 수가 없었다.

난 살아있을 이유를 느끼지 못했다. 교회도 열심히 나갔었고, 자살도 생각해보고 정신과 진료도 받아 보았지만 무너진 내 마음을 일으켜 줄 수 있는 것은 그 어떤 것도 없었다.

그저 세상과 인간에 대한 상실감에 대한 분노와 배신감, 도저히 이해할 수 없는 현실에서 전화도 끊어버리고, 사람도 안만나고 몇 달을 그렇게 살았었다.

그러던 중 나의 가장 존경하는 인생 목자 박종걸 목사님을 만나게 되었다.

마음은 망가져 있고 가정은 흩어져 버릴 수 밖에 없었던 상황에서 영, 육, 혼이 상처로 피투성이가 되어있는 우리 가정을 그리스도의 사랑으로 감싸 안아 주시고 보살펴주심으로써 한 가정을 일으켜 세워 주시는데 혼신을 다해 노력해 오신 목사님의 헌신된 대가로 나의 삶을 추스를 수 있었다.

존경하는 박종걸 목사님의 인격 속에서 하나님의 인격을 보게 되었고, 그 분의 카운슬링 덕분에 나의 새로운 비전과 꿈이 생기게 되었다. 좋은 멘토가 또 다른 좋은 멘토를 만들 수 있다는 교훈도 그 분을 통해 얻게 되었다.

오직 말씀과 제자 훈련을 통해 교회를 치리하시고 성장시키시는 박종걸 목사님과 교우들의 협력해 주심 덕분에 내가 이 자리에 있음을 고백해 보면서 다시 한 번 지면을 통해 감사드립니다.

잃는 것이 있으면 얻어지는 것도 있듯이 이제 나의 관심을 가족 중심에서 공동체 중심으로 쏟을 수 있도록 지경을 넓혀 주셨다.

모든 것이 합력하여 선을 이루게 하신 하나님을 찬양합니다.

~~~ 고린도후서 6장 2절 ~~~
가라사대 내가 은혜 베풀 때에 너를 듣고 구원의 날에 너를 도왔다
하셨으니 보라 지금은 은혜 받을만한 때요 보라 지금은 구원의 날이로다.

~~~ 잠언 27장 1절 ~~~
너를 내일 일을 자랑하지 마라.
하루 동안에 무슨 일이 날는지 네가 알 수 없음이니라.

포기와 십자가의 길

망가질 대로 망가져 있는 남편은 술과 경마에 더욱 집중하게 되었고, 결국 술 때문에 면허가 취소되기까지 하였다. 목사님의 관심과 사랑 속에도 자기 속에 있는 견고한 진은 끊어버리기 힘들었던지 결국 술 먹고 무면허로 운전하다 걸려 감옥에 들어갈 형편이 되었다.

가까스로 사고 현장을 피해 집으로 달려온 남편, 나 보고 대신 감옥을 가달라고 애원하네요.

보암직도 하고 먹음직도 하였던 나의 이상의 덫은 나를 점점 죽음의 궁지로 몰아가고 있었다.

사랑 받길 원했던 것 뿐이었는데 부부의 인연이란 것이 도대체 무엇이관데 나를 이처럼 비참하게 하는 건지 이유를 알 수 없었다. 하지만 그 길만이 사랑하는 나의 아이들

을 지키기 위한 길이라면 그것도 피할 것만은 아니라는 생각이 들었다.

기구한 운명은 자기가 무슨 요셉이라고 감옥 생활을 해야했는지. 동생이 사고치고 제수가 감옥 간다는데 술 먹고 와서 밤새 날 때려 죽이겠다고 난리를 부린다. 그런 형님은 또 올바른 정신이었는지. 바보처럼 당하고 있었던 나는 또 뭐고, 방관자 적인 입장에서 입 다물고 있는 남편은 또 누구란 말인가.

주님! 우리의 분별없는 것을 용서하소서. 나는 그 때 죽었습니다.

~~~ 갈라디아서 2장 20절 ~~~
내가 그리스도와 함께 십자가에 못 박혔나니
그런즉 이제는 내가 산 것이 아니요,
오직 내 안에 그리스도께서 사신 것이라.
이제 내가 육체 가운데 사는 것은 나를 사랑하사
나를 위하여 자기 몸을 버리신 하나님의 아들을 믿는
믿음 안에서 사는 것이라.

1월 엄동설한, 가장 추웠던 한 해였던 것 같다.

경찰에서 요구하는 것은 탄원서를 받아오는 것이었다. 목사님께서 써 주신 탄원서를 받아 쥐고 집집마다 다니면서 내가 어떤 사람이었는지에 대한 검증으로 도장을 받아 오는 일이었다.

이 집에서 저 집으로 옮겨가는 동안 눈물로 범벅이 된 얼굴에는 어느새 고드름이 얼어 붙는 듯하고 강추위 속에서 나는 성냥팔이 소녀처럼 떨고 있었다. 그리고 나를 위해 십자가를 지시고 땀방울이 피방울이 되도록 골고다 언덕길을 오르시던 주님을 생각하며 그 고통스런 현실앞에서 얼마나 감사했는지 모른다.

누구를 위해 그 일을 하였는고.

주님께서 나를 위해 십자가를 지신 것을 간절하게 느끼게 하셨다.

난 그 때 주님을 진짜로 만났다. 성령 하나님은 형체는 보이지 않았지만 하이얀 눈사람 처럼 옷을 입으시고 내 옆에 항상 따라 다니셨다. 마치 불꽃 같은 눈동자로 우리를 보호하신다는 것을 체험하게 하듯이 그렇게 나를 보호하시고 계셨다.

경찰서에 한 번도 가보지 않았던 내가 얼마나 두렵고 떨렸겠는가.

~~~ 빌립보서 4장 6~7절 ~~~
아무것도 염려하지 말고 오직 모든 일에
기도와 간구로, 너의 구할 것을 감사람으로 하나님께 아뢰라.
그리하면 모든 지각에 뛰어난 하나님의 평강이
그리스도 예수 안에서 너희 마음과 생각을 지키시리라.

하나님께서는 두려워하는 환경에서 벗어나게 하시려고 주만 바라보게 하셨다. 그 때는 정말 아무 것도 보이지 않았다. 오직 주님만이 보였다. 그 때 나에게는 주님만이 필요했었고 주님 또한 나만을 집중하고 계셨다. 어쩌면 악몽 같은 그 때가 바로 나에게는 하늘나라의 복을 받는 기회였음을 고백하지 않을 수 없다.

약할 때 강함되신 주, 주 나의 모든 것 되시는 줄 믿습니다. 값 없이 주시는 주님의 은혜를 조금이나마 느끼며 십자가 고통에 참회하는 자가 되었다.

~~~ 예배소서 4장 17-24절 ~~~
그러므로 내가 이것을 말하며 주 안에서 증거하노니
이제부터는 이방인이 그 마음의 허망한 것으로 행함같이
너희는 행하지 말라. 저희 총명이 어두워지고
저희 가운데 있는 무지함과 저희마음이 굳어짐으로 말미암아
하나님의 생명에서 떠나 있도다.

부패된 장애

한 번은 철야 20일 작정기도를 하고 있는 마지막 날이었
는데 갑자기 새벽기도를 드리던 중 집에 무슨 일이 생긴
것 같다는 막연한 생각이 들었다. 계속해서 마음에 불안감
이 찾아들면서 예배를 방해하기 시작했다.

가까스로 예배를 마치고 집으로 달려와 보니 아니나 다
를까 남편에게 문제가 생겼다. 밤새도록 피를 토하고 밑으
로는 싸고 혼자서 죽어가고 있던 것이었다. 응급차를 불러
늘어져 다 죽어있는 남편을 싣고 병원으로 갔었다.

그 때 남편의 건강 상태로는 죽을 수도 있는 위험한 상
태에 있었고, 경험이 있으신 분들의 말씀을 들으면 간경화
로 피를 토하고 상태가 그 쯤 되면 모두 죽는다고 했다.

그런데 남편이 죽는다고 하는데도 이상하리만큼 마음이

평안하였다. 그만큼 남편한테 의존되어 있던 것에서부터 떨어져 나왔었나 보다. 하나님께 모든 것을 맡겼다는 측면에서 보면 하나님 안에서의 신앙이 좀 더 성숙된 모습이라고나 할까.

이전에도 간전문병원에서 간경화라는 진단을 받았던 적이 있었다. 그 때는 겁도 나고 현실을 감당할 수 없어 하나님께 떼를 쓰며 기도했었다. 지금은 때가 아니라고, 내가 아직 준비가 안 되었다며 남편을 붙들고 있었다. 그리고 정성를 다하고 그 힘을 다하여 남편을 섬겼었다. 민간요법에서 좋다는 방법은 다 썼었고, 다행이도 치료가 되었었다.

그런데 이번에는 몸 밖으로 피를 1/3정도를 빼냈으니 정말 죽을지도 모른다는 생각이 들었다.

목사님도 포기하실 정도로 심각했으니까요.

나 스스로도 죽음 앞에서도 겁이 없던 데다가 남편이 죽는다고 했지만 제가 할 수 있는 방법은 아무것도 없었다. 그 때의 절박함은 아이들하고 하루 끼니를 때울 수 있는 양식도 없었기 때문이었다.

나의 까탈스러운 성격 때문인지 자존심이었는지 는 모르겠지만 아무튼 다급한 사정을 아무한테도 말하지 않았다.

그냥 굶식으로 들어가 버렸다.

그러한 나를 하나님께서 불쌍히 여기셨는지 일주일 입원 후 아무 이상없이 남편을 퇴원시켜 주셨다. '할렐루야'

지금도 서운하게 느껴지는 것은 자식이 죽어가고 있고 형제가 죽어가고 있다는 데도 시댁 식구들 중 어느 한 사람도 와보지 않았다는 것이다.

남편의 죽음 앞에서 그것도 나의 책임이었다.

남편이 퇴원하기 며칠 전 꿈을 꾸었다.

교회 집사님 내외가 우리 집에 왔다가 가시면서 '내가 크고 비밀한 일을 네게 보여주리라.'며 여 집사님을 통해 말씀하시는 음성을 들었다.

'참 이상도하다. 아무리 꿈이라도 그렇지. 왜 그런 말씀을 여 집사님을 통해 하셨을까?' 궁금해 하면서 그 날이 주일날이라 교회를 갔었다.

나는 성가대를 서기 때문에 성가대 앞에 있었고, 예배석에 여 집사님이 보였다. 보기에 별일 없어 보이는 것 같은데 그래도 궁금해서 성가대에 같이 서시는 사모님께 여쭈어 보았다.

'혹시 여 집사님한테 무슨 일이 있나요?' 하면서 꿈 이야기를 들려 드렸더니 사모님께서 꿈에 너무 연연하지 말라고 충고를 주셨다.

그리고 난 뒤 목사님께서 광고 시간에 광고를 하시는데 여 집사님 기도 제목을 나눠 주시면서 머리에 실핏줄이 터져 그것을 수술하실 거라고 하셨다. 뇌수술 중에는 가장 쉬운 수술이라고 하시면서 대한민국에서 뇌수술을 제일 잘하시는 의사가 수술집도를 맡아하게 되었으니 결과는 당연히 좋을거라고 하시면서 간단한 수술이지만 그래도 기도하자고 하셨다.

별 생각없이 기도하게 하시려고 꿈을 주셨구나 생각하고 지나쳐 갔다. 그리고 그 날 여 집사님이 남편 문병을 다녀갔었고 다음날 수술하기 위해 집사님은 입원하셨다. 공교롭게도 여 집사님이 수술하게 되는 날 나편은 퇴원을 하게 되는 날이었다.

그러는 중에도 나는 더욱 정신이 없었다.

남편이 아무 이상이 없이 퇴원 하는 것은 좋았지만 생활비가 없어 굶식하고 있는 것까지도 괜찮았지만, 퇴원비가 없어 남편이 퇴원을 못하게 되는 상황은 경험해 보지 않는 사람이라면 그 누구도 모를 것이다. 그 때의 초라함과 비참함은 이루 말할 수가 없었다.

어쩌면 자식이 죽는다고 하는데도 보이지도 않는 식구들, 퇴원하는 그 날까지 발만 동동 구르며 억장이 무너지는 심정으로 피를 말리고 있다가 너무나 고민한 끝에 울다가 지쳐 쓰러져 일어나보니 그 다음날 4시쯤 되었다. 깜짝 놀라 다급한 마음으로 병원으로 달려 갔더니 교회에서 치료비를 이미 다 내어주셔서 얼마나 감사했던지 지금도 마음 조이던 그 때 일을 생각하면 눈물이 난다.

한치 앞이 안 보였어도, 죽을 것만 같았어도, 아무 것도 할 수 없어 막막했던 그 순간에도 주님은 나와 함께 계시는 것을 보게 되었다. 위로의 하나님은 꿈을 통해 역사하시고 하나님의 일은 너희 생각과 다르다는 것을 보여주셨다.

나는 정신없이 남편을 퇴원시키고, 그 다음날 집사님 병문안을 가려고 생각하고 있었다.

그런데 그 날 밤 꿈이 다시 이어졌다. 나와 신 집사님이라고 하는 분만 빠져있었고 교회 식구들이 웅성웅성 모여 있는 것이 보였는데 어쩐지 상황이 심상치 않아 보였다. 꿈 속에서도 사모님께 무슨 일이냐고 물어보았다. 가망이 없다고 고개를 저어 흔들어 보이시는 사모님이 느껴졌다.

깜짝 놀란 나는 벌떡 일어나 끔찍한 꿈을 잊어 보려고 했다. 그래도 아닐거야 의심해 보면서 꿈에 보였던 신 집사님한테 전화를 걸어 확인해 보았다. 나의 꿈이 맞았다고 하면서 지금 병원에 가려고 준비하고 있다고 했다.

한 달 후에 여 집사님은 돌아가셨다. 우리에게 교훈하시는 하나님은 우리 생각과 너무나 다르게 계획하시고, 하나님의 방법으로 하나님의 일을 이루어 가신다는 것을 알게 되었다. 또한 크고 비밀한 일들을 보여주심으로 말미암아 우리에게 믿음으로 따르기를 계속 요청하시고 계시다는 것을 알게 되었다.

~~~ 요한복음 14장 13-14절 ~~~
너희가 내 이름으로 무엇을 구하든지 내가 시행하리니
이는 아버지로 하여금 아들을 인하여
영광을 얻으시게 하려 함이라.
내 이름으로 무엇이든지 내게 구하면 내가 시행하리라.

자녀의 기도

　그렇게 씨름하며 살아오는 동안 신실하신 하나님은 남편을 그냥 두지 아니하시고 주위의 좋은 분들을 만나게 해 주셨다. 그 분들로 인하여 남편은 아버지 학교로 안내 받아 새롭게 아버지상을 재정립할 수 있었던 기회가 되었다. 아버지로서 영향력을 끼치며 하나님을 온전히 따르려는 노력과 의지가 세워져 가는 것을 보게 되었다.

산을 오르는 나의 영혼이 시련도 환영하게 하소서. – A. 카마이클 아버지 학교 수료와 동시에 술 중독에 빠져 살던 남편이 중독에서부터 탈출하게 되었고, 하루에 두갑씩 피던 담배도 모두 끊었다.

그로부터 10년이 지난 지금에도 아버지들의 모임에 주체가 되어 활동하고 있고, 또 앞으로도 이와 같이 나 같은 죄인 살리신 주님의 은혜 고마워 새롭게 하시는 하나님을 매일 매일 경험하며 삶 속에서 간증하는 남편이 될 것에 대해 확신한다.

아버지 학교를 처음 등록해 놓고 우리 가족은 얼마나 기뻐했는지 모른다. 초등학교 다니는 5학년 딸, 4학년 아들과 함께 주말마다 4~5시간씩 부흥회를 열었다.

아버지 학교에서 교육 받는 동안 사탄 마귀 틈타지 않게 해 달라고, 술 먹고 담배 피는 것 다 끊어지게 해달라고, 새로운 아버지상으로 변화시켜 달라고 하면서 울고 웃고 찬양하고 기도 했더니, 하나님이 도우사 간절한 우리의 간구를 들으시고 응답해 주시는 기적을 우리 가족 모두에게 체험하게 하셨다. '할렐루야'

그 때 아이들 각자에게도 하나님에 대한 비전도 새롭게 갖게 하셨다.

임금님 귀는 당나귀 귀, 말하고 싶었어요.

나의 구차한 변명까지도 들어 줄 사람이 필요했었다.

많은 사람들은 도움이 필요한 사람들에게 도와 주기 위해 시도한다. 그렇게 돕고자 하는 마음이 있는 것은 자신의 에너지이므로 자신이 돕고자 하는 것에만 집중되어 있지 도움이 필요한 사람이 진심으로 원하고 있는 것이 무엇인지에 대해서는 생각해 보려고 하지 않는다. 일방적인 도움을 주려고 한다. 그저 모두가 자기 방식대로 돕고자 한다는 것이다.

사랑도 마찬가지인 것 같다. 힘 있는 자 쪽에서 일방적일 때가 많다. 돕고자 하는 사람들은 도움을 받을 사람보다 힘, 에너지가 많기 때문에 자신의 힘과 에너지를 권력화하려 한다. 그렇다 보니 상대적으로 약자는 피해자로 보일 수밖에 없다.

그러나 나도 말하고 싶었다.

'임금님 귀는 당나귀 귀.' 보고, 듣고, 경험한 대로 말하고 싶었다.

할 말이 많았다.

친정에 가도 내 이야기에는 귀 기울여 주는 사람이 없었다. 답답해서 한 마디 말하다보면 복에 겨운 소리 한다고 핀잔이나 들었다.

사람은 외모를 보고 판단하나 하나님은 그 마음의 중심을 보신다고 하셨다.

인간은 겉으로 드러난 외상에만 관심이 쏠려있다. 사람들의 속에서 부터 흘러나오는 심오한 반응에는 관심이 없다. 인간은 형체가 보이지 않으면 안 믿으려고 한다.

두 부류의 사람이 있다. 어떤 사람이 부부싸움을 하고 눈 주위에 시퍼렇게 멍들어 있는 사람이 있다면 누구든지 그 사람을 보는 순간 가엽다는 생각을 하게 될 것이다. 그리고 마음을 열고 그의 가여운 사정 이야기를 들어주려고 할 것이다. 그러나 마음의 병이 있는 어떤 사람이 자신의 속상한 이야기를 하려고 한다면 그 누구도 마음을 열고 그의 마음 아픈 이야기를 들어주려고 하지 않을 것이다. 우선 드러나 보이지 않으니까 자신의 경험과 생각대로 판단하고 지나쳐 버리기 때문이다.

인간이 살아가는데 있어서 꼭 놓쳐서는 안 될 것들이 있다. 인간의 마음 안에 있는 숨겨져 있는 마음의 병이다. 새까맣게 멍들어 있는 마음, 찌그러져 있는 마음, 벌겋게 달아있는 마음, 딱딱하게 굳어있는 마음, 상한 마음이 있는 것들을 인정해 주고 잘 도와줘야 건강한 삶을 살아갈 수 있다.

겉으로 나타나 있는 것만이 아픔이 아니다. 우리가 알지 못할 때 경험했던 수많은 일들을 통해 병들어 있는 마음, 아픈 마음이 있다.

한 사람의 고통은 가족 모두의 아픔인 것이다. 한 사람의 부패 때문에 온 가족이 겪어야 할 고통, 그것은 전염병처럼 번져간다. 아픔이 대물림 되지 않도록 하기 위해서는 상대방의 소리를 잘 들어주고, 잘 말할 수 있도록 도와주어야 한다.

　교회에서 사역을 하던 때를 생각해본다. 어린이 사역의 복음축제로 유명해 있는 꽃동산교회에서 사역할 때의 일이다. 1년에 한 번씩 5월달이면 어린이날을 전후로 해서 교회의 대행사로 복음축제가 열린다.

　그 때 담당교구 내에 사는 뇌성마비에 걸려 있었던 14살짜리 친구가 있었다. 3살까지는 정상적으로 잘 커왔었는데 어느 날 갑자기 심한 고열로 인하여 손 쓸 겨를도 없이 그렇게 되었다고 한다. 어릴 적에 사진을 보니 얼마나 귀엽고 예뻤던지. 그런데 하필이면 내가 그 교구를 맡았을 때 그 녀석이 아프게 되었을까? 그 녀석의 몸에도 입에도 성한 곳 없이 주사바늘에 산소호흡기에 몸의 열은 떨어지지도 않고 있었고 모두가 그 아이를 위해 걱정하고 있었는데 그 아이가 남기는 심오한 고통의 대화.

　마음에서는 이렇게 외치고 있었다.

　'전도사님 지금 내가 너무 고통스러워요.'

　그 한마디는 얼마나 내 마음을 아프게 했는지 모릅니다.

　그 날도 복음축제 준비하느라 바쁜 가운데 있었는데 전

화 한 통을 받게 되었다. 아이가 병원에 입원을 했다고 한다. 처음에는 감기인 줄 알고 금방 퇴원 할거라고 생각했었는데 일주일이 지나고 또 한 주가 돌아와도 차도가 나지 않았다. 나는 아이 엄마가 걱정이 많이 되었지만 복음축제 때문에 더 많이 같이 있어주지 못하고 바쁜 나날을 보내고 있었다.

복음축제가 다가오고 그 이틀 전 병문안을 가게 되었다. 그 날따라 아이가 상당히 불안해 보였다. 교구 목사님께서 아이를 위해 기도해 주시고 나가려는 순간 마음이 찡해옴을 느꼈다. 나는 다시 한 번 그 아이에게 다가가서 가슴에 손을 얹고 이렇게 속삭여 주었다.

"마음이 많이 불안한 것 같구나. 아이야, 걱정하지 말거라. 하나님이 항상 너와 함께 계신단다. 두려워 말고 놀라지 말고 담대해라. 하나님이 세상을 이기셨단다. 넌 잘 이겨낼 수 있을거야. 안심하거라."

그렇게 말이 끝나자마자 아이의 눈에서 눈물이 주룩 흘러내렸다. 깜짝 놀라 간호원에게 물어 보았더니 아이가 말할 수는 없어도 다 듣고 있다고 했다.

나는 다시 가서 아이의 가슴에 손을 얹고 말했다.

"너무 걱정하지 말아라."

그랬더니 그의 가슴 속에서 들리는 음성이 있었다.

'전도사님 난 너무나 고통스러워요. 빨리 예수님께 가고 싶은데 엄마가 나를 놔주질 않으세요. 우리 엄마를 말려주세요. 난 너무 힘들어요. 엄마를 도와주세요. 엄마가 불쌍해요.'

너무나 놀라지 않을 수 없었다.

'그래, 알았다. 도와 드릴테니 걱정 말아라.'

아이에게 안심시켜 주고 목사님께 다시 기도를 요청드렸다. 목사님께서 아이의 눈물을 닦아주시며 기도해 주셨다.

복음축제 전날 밤 꿈을 꾸었다. 그 아이네 집에서 잔치가 벌어졌는데 그의 엄마가 하는 말 일할 손이 딸린다고 하면서 나에게 도움을 요청해 왔다. 가서 보니 조상들이 그 집을 향해 몰려 오고 있었다.

깜짝 놀라 깨어보니 꿈이었다.

오늘 어린이 복음축제의 날인데 무슨 일이 있겠구나 싶었다. 많은 아이들이 복음축제로 지상 교회에 초청되어 오는 날, 한 아이는 천국으로 환송되어 가는 날이라는 어이없는 일이 예상되었다.

아침 일찍 교구 목사님께 말씀드렸다. 조금은 불안하긴 했지만 마음 속으로 준비하며 최선을 다해 축제에 임하고 있었다. 드디어 축제가 마무리 되어가고 있었고, 마지막 저녁 예배를 남겨놓기 5분전 담임 목사님이 예배당 뒤에서 설교 준비를 위해 기도하고 계셨는데 전화가 왔다.

그 아이가 하늘나라로 갔다는 것이다. 후들거리는 다리를 간신히 지탱해가며 담임목사님께로 다가가 떨리는 목소리로 말씀드렸다. 7시 30분 마지막 예배가 끝나고 광고시간에 바로 알리게 되었고 곧바로 위로객들이 병원으로 갈 수 있었다.

사랑스러운 녀석이 아닐 수 없었다. 입관예배 때 천사같았던 그 애의 얼굴은 지금도 잊혀지지 않는다.

~~~ 고린도후서 4장 16-18절 ~~~
그러므로 우리가 낙심하지 아니하노니 겉사람은 후패하나
우리의 속은 날로 새롭도다. 우리의 잠시 받는 환난의 경한 것이
지극히 크고 영원한 영광의 중한 것을 우리에게 이루게 함이니
우리의 돌아 보는 것은 보이는 것이 아니요 보이지 않는 것이니
보이는 것은 잠깐이요 보이지 않는 것은 영원함이니라.

그것은 내 잘못이 아니었어요.

어느 날 형님한테 전화가 왔었다.

어머님께서 담석 수술을 하게 되었다는데 고대병원에서 한 달 후로 수술 날짜가 잡혔다고 한다. 형님 사는 데랑 집이 가깝다 보니 본의 아니게 병간호를 자신이 해야 할 것 같으니까 은근히 화가 났었는지 아마도 내게 분풀이 하려고 한 것 같았다.

시어머니 병수발을 왜 내가 해야 하느냐고 다짜고짜 소리를 버럭 지르면서 하는 말이 '동서는 멀다고 못 하냐? 동서는 돈 없으니까 몸이라도 때우는 일이라도 해라.'고 하면서 전화를 끊어버리는 거였다.

그 날도 자정 12시, 술 먹고 들어온 남편에 대해 화도 나 있겠다, 지렁이도 밟으면 꿈틀거린다고 겸사겸사해서 그

날 밤은 바가지를 긁어댔었다. 그리고 그 날 형님과 전화 통화했던 이야기를 남편에게 따져 물었다.

내가 왜 그런 대접을 받아야 하는지에 대한 것이다. 그러나 남편은 내가 하는 소리는 안중에도 없고 오직 어머님에 대해서 고민하면서 어머님이 그렇게도 신임하고 믿고 있는 둘째 며느리가 그렇게 반응했었다는 소리를 듣고, 그것도 모르시고 형수를 믿고 있을 엄마가 측은하게 생각 되었던지 나름대로 속이 상했었나 보다. 남편은 그 밤중에 의사 친구한테 전화를 걸어 담석증에 대해서 자세히 알아보고 나서는 나한테 한마디 상의도 없이 어머님께 전화드렸다. 어머님께도 자세한 이유를 설명하지 않았다. 무조건 수술을 한 달씩 기다리지 말고 친구 병원에서 수술하자고 한다.

그 친구가 있는 병원은 우리 집에서 15~20분 거리 밖에 안 되는 곳이라서 할 수 있으면 자신이 도와드리고 싶었던 거였다.

어머님은 속도 모르시고 그냥 고대병원에서 수술하기를 원하셨지만 남편은 끝내 술 먹은 김에 고집을 부려서 결국 승낙을 얻어냈다.

그 후 친구가 있는 병원에서 검사하고 이상이 없으셔서 바로 수술로 들어가셨는데 수술은 생각보다 잘 되었다고 한다. 물론 친구가 병원에 있으니까 잘 도와줄 수 있었을 것이고 수술 후 경과도 좋으셔서 일주일 후, 퇴원하시게 되었다.

퇴원 후 집에서 요양하시던 중 갑작스런 부작용이 나타났다. 이유없이 복수가 차고 어이없게도 입원 후 한 달여 만에 안타깝게도 돌아가셨다.

이유인 즉, 100명 중 1명꼴로 나타나는 아주 극히 드문 수술 후유증인데 살성이 수술을 잘 받아들이지 못하기 때문에 나타나는 부작용이라고 한다.

남편과 나는 또 씻을 수 없는 죄인이 되었고, 아버님을 비롯하여 형제들이 어머님을 우리가 죽였다고까지 하는 이야기를 들어야 했다.

그 때 고대병원에서 수술을 하셨더라면 돌아가지 않으셨을텐데 라는 아쉬움과, 남편이 고집을 부리지만 않았어도 그렇게 되었다고 오해를 받지는 않았을텐데 라는 자책감과 회의감, 번민과 슬픔이 나를 짓눌렀다.

그러나 그 전에 형님과 나 사이에 어떤 일이 있었는지는 아무도 몰랐었다.

어머님이 돌아가시고 아버님은 작은 아파트를 얻어 나가서 사신다고 하셨다. 그렇게 되면 어머님 기일날도 그렇고 명절 때 모여야 할 장소도 그렇고 이 집을 지키고 있어야 할 사람이 필요한데 아버님께서는 셋째인 막내 아들이 그래도 살림이 제일 어려우니까 어머님이 사시던 곳, 그 집에서 살라고 하셨다.

형제들의 눈이 무서웠다. 그 집에서 살다가 어떤 봉변을 당할지도 모른다는 생각이 들었다. 그래서 나는 집으로 들어가는 것을 반대했었다. 아버님은 우시면서 간곡히 부탁하셨다. 미운 자식 떡 하나 더 주랬다고 식구들이 다 모인 곳에서 승낙이 되었고, 아버님은 그냥 둘째 형님과 합쳐서 살기로 결정하셨다고 했다.

이사 오기 전 도배하려고 아버님 집에 와 있는데 형님 내외가 잠시 들렸다. 된장 푸러 왔다고 하면서 안으로 들어오는데 느낌이 예사롭지 않았다.

아버님 이사 가실 때 어머님 유품 중 하나인 재봉틀 하나를 아버님과 둘째 큰 아빠에게 허락을 받고 아버님 짐 실어 가는 날 빼놓았던 적이 있었다. 갑자기 둘째 형님이 그 건에 대한 시비를 붙여오기 시작했다. 무슨 권리로 그것을 네 마음대로 빼 놓았느냐는 것이었다.

나는 어머님 돌아가시고도 금품들을 하나도 챙기지 않았었다. 그 때 일은 생각만해도 구질구질하다. 그냥 눈물만 난다. 그런데 고작 재봉틀 하나 붙들고 있었다고 해서 된장 푸러 온 형님들이 그것을 그렇게 따지려 하다니.

나는 뜻 없이 형님이 필요하시면 오신 김에 가지고 가시라고 했다. 아버님과 큰 아빠께는 이사 가던 날 말씀을 드렸다고 했더니 갑자기 '이것이 말대꾸 꼬박꼬박 하고 있다.'고 하면서, 제 머리채를 붙잡고 있는 힘을 다해 끌어당기고 있는 것이 아닌가.

너무 아파서 '형님, 왜 그러세요. 그냥 말씀하시면 될 것을 아이들이 보고 있지 않습니까.' 그랬더니 아이는 중요하지 않다는 겁니다. 겁에 질린 우리 아이들은 죽어라 소리질러 울고 있는데 자신의 아이들이 아니라서 그런지 내 머리 채는 계속 잡고 흔들고 있는 거였다.

너무 아파 형님 머리를 잡았는데 내 뒤에서 그 광경을 바라보고 있던 둘째 큰 아빠 재빠르게 나타나 내 머리 뒤통수를 내려치는 것이였다.

어쩌면 그럴 수 있단 말인가. 자신의 마누라는 말리지도 않으면서 제수인 나의 뒤통수를 때리다니 정말 어처구니가 없었다. 그러더니 그만 좀 하라고 소리를 질러댔다.

하도 어이가 없어 그만 울게 되었고, 이런 일이 생길 수 있을거라고 예상은 하고 있었지만, 이렇게 빠르게 나타날지는 몰랐었다. 그 분들이 왜 나에게 그렇게까지 했어야 했는지 지금도 의문이 남아 있어 가끔 생각날 때마다 나를 속상하게 한다.

얼굴과 목에는 손톱자국으로 피투성이가 되어있었고, 머리는 산발이 된 채로 아이들을 끌어안고 집에 갈 차비를 하고 있었다.

때마침 도배지 사러 간 남편이 들어오다가 놀라 걸음을 멈추고 잠시는 격분한듯 했지만 그다지 뭔가를 해결할 것 같지는 않았었다.

얼마 후 둘째 큰 아빠는 무엇 때문에 분이 안 풀렸는지는 모르겠지만 술 먹고 전화를 걸어 나에게 욕을 바가지로 해가면서 죽인다고 팔짝 뛰는 것이었다. 집으로 돌아오는 도중에도 전화는 계속 왔지만 받지 않았다. 그러니 큰 형님한테 전화해서 겁을 준 모양이다. 큰 형님께서 피하라는 전화까지 해 주셨다.

박 목사님 기도 받고 기도원에 며칠 피신해 있었는데 지금 생각해봐도 남편도 아닌 둘째 큰 아빠가 왜 나에게 그랬어야 했는지 이해하기 어렵다.

그 때도 남편은 역시 방관자였다.

그러나 내가 선택한 길에서 피투성이가 된 채 멍든 마음으로 홀로 싸워가며 이 자리까지 설 수 있었다는 것은 값 없이 받는 하나님의 사랑과 은혜가 나를 덮고 있었기 때문이었다.

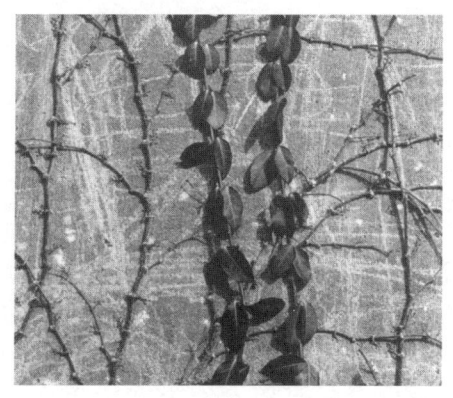

~~~ 이사야 43장 1-4절 ~~~

(야곱아) 너를 창조하신 여호와께서 이제 말씀하시느니라.

(이스라엘아) 너를 조성하신 자가 이제 말씀하시느니라.

너는 두려워말라 내가 너를 구속하였고,

내가 너를 지명하여 불렀나니 너는 내 것이라.

네가 물 가운데로 지날 때에 내가 함께 할 것이라.

강을 건널 때에 물이 너를 침몰치 못할 것이며,

네가 불 가운데로 행할 때에 타지도 아니할 것이요,

불꽃이 너를 사르지도 못하리니.대저 나는 여호와 네 하나님이요,

이스라엘의 거룩한 자요, 네 구원자임이라.

내가 애굽을 너의 속량물로, 구스와 스바를 너의 대신으로 주었노라.

내가 너를 보배롭고 존귀하게 여기고 너를 사랑하였은즉,

내가 사람들을 주어 너를 바꾸며 백성들로 네 생명을 대신하리니.

어디로 갈 것인가

만신창이가 된 몸과 마음은 이제 더 이상 피할 곳이 없

었나봅니다.

한 달 동안 몸에서 싸인이 왔다. 반갑지 않았지만 병원에 가서 진찰을 해보니 폐결핵이라고 했다. 먹고 살기 좋은 세상에 폐결핵이라니 어쨌거나 기다렸던 병은 병인데다가 올 것이 왔다 싶으니까 아무도 이해 할 수 없는 것이겠지만 기쁨에 눈물이 흘러나왔다.

말도 안 되는 소리라고 그렇게 말할 수 있을지 모른다. 그러나 그 때 형편으로는 죽고 싶어도 죽을 수 없었고 스스로 목숨을 끊자니 지옥 갈 것 같고 그래서 죽기만을 위해 살고 있었다.

당해보지 않은 사람은 아무도 이 생각을 이해 할 수 없을 것이다. 이렇게 어리석은 생각을 하면서 어리석게도 자신을 학대하고 살아온 나는 죽을 것 같더니만 6개월간 약먹고 치료가 되었다. 아직도 나는 다 버리고 살고 있다고 생각하고 있었지만 정작 내 속에서의 나는 더 살고 싶은 욕망이 컸었나 보다.

그것을 아시는 하나님께서는 이러한 나를 죽음과 직면하는 상황을 만들어 주셨다.

어느 날 교회를 가려고 버스를 탔다.

무의식적으로 창문을 바라보며 나의 삶의 대한 회고를 하고 있었는데 성서대학교 앞에서 길을 건너던 젊은 사람이 내가 타고 있던 버스 반대편에서 달려오는 택시에 치어 그만 나뒹구는 것을 눈으로 보게 되었다.

내 눈으로 교통 사고를 본 적은 처음이었다.

그야말로 개죽음이란 표현이 맞을 것 같다.

가치 없는 죽음.

그 사고를 목격 한 나는 삶에 대한 가치에 대해서 조금 더 관심을 갖게 되었다.

하나님은 나의 삶의 간섭자이시고 주관자이시며 어떻게 해서든 어떠한 방법으로든지 늘 깨우쳐 주시는 지혜자이셨다. 또 한 번 나는 그 분의 권능 앞에 승복되었다.

도피성

아버지학교 수료 전의 일이다. 그런 와중에도 남편은 계속해서 술을 먹고 다녔다.

너무나도 나를 잘 아시는 하나님께서는 철저하게 나를 낮추시고, 시험하사 하나님을 어떻게 믿을 수 있는가를 남편을 통해 가르쳐 주셨다.

하나님께서는 질투하시는 하나님이라고 하신 것을 실감한다. 세상 것을 좋아하는 나는 남편을 통해 받으려고 했던 모든 것을 철저하게 내려놓게 하시고, 남편을 통해 조그마한 믿음이라도 의존하지 못하게 하시려고 환경도 막아 놓으셨다. 인간을 통하여 기대하고 있던 모든 것들을 다 내려놓게 하시고자 훈련하신 하나님의 숨겨진 뜻이 있으셨다는 것을 이제야 알게 되었다.

남편에 대해 혹시나 하면 역시나 함을 통해 혹시나 하는 기대마저 철저하게 부숴버리셨다. 그리고 내 안에서 결핍

된 부분(패어진 마음), 내가 알지 못하는 무의식의 욕구들까지도 하나님 안에서 고쳐 주시려고, 혹시나에서 역시나로 끌었다 당기시며 깊이 패어있는 마음을 평평하게 복구시켜 주셨던 것이었다.

남편에게서 붙잡고 있었던 사랑의 끈이 허상임을 깊이 일깨워 주셨고, 그 사랑이 웬수가 될 때까지 저를 훈련시키시고 새롭게 하사 당신의 사역에 사용되게 하심을 진심으로 감사드린다.

내가 의지할 수 있는 것은 오직 하나님 한 분이라는 것을 고백한다.

나의 삶이 너무나 버거워 벗어나고 싶었고 순간순간 뛰쳐나가고도 싶었고 죽고도 싶었지만, 하나님께서 나를 사랑하신 것처럼 나의 사랑하는 자녀들이 내 옆에 있었기에 나는 살아야 했고 참고 견뎌야 했었다.

그래서 나는 세상으로 이탈하지 않고 믿음의 성을 지키기 위해 하나님의 도피성 안으로 들어가게 되었던 것이다. 이제 나의 전 생애는 나의 것이 아니라 주님 것이 되었다. 주님이 내 안에 내가 주님 안에 있게 되는 것이다.

상담을 계기로 신학과 내적 치유사역까지 지경을 넓혀

주셨고 결국 내 자신이 그렇게 하기로 결단하고 하나님 안으로 들어갔지만 나를 기다려 주시고, 내 삶은 몰아주신 분은 하나님이셨다는 것을 알게 되었다.

나는 많은 갈등과 두려움 속에서도 제2, 제3의 인생의 파도타기를 통하여 성장하고 있었다는 것을 깨달았다. 파도타기는 아직도 순간순간 두렵기도 하고, 때로는 흥미롭고 기대가 되기도 했지만, 해보면 할수록 멋진 경험이 되었다는 것을 고백하지 않을 수 없다.

오늘도 난 하나님의 도피성 안으로 들어갈 수 있다는 것에 대해 감사드린다.

~ ~ ~ 시편 139편 23-24절 ~ ~ ~
하나님이여 나를 살피사 내 마음을 아시며
나를 시험하사 내 뜻을 아옵소서.
내게 무슨 악한 행위가 있나 보시고,
나를 영원한 길로 인도하소서.

난 참 바보처럼 살았군요.

다시 반복되는 이야기 같지만 파도타기 과정을 거쳐 오면서 나는 이 자리에 있기까지 잘 살아왔다고 생각했고, 원치 않는 삶이었지만 가족과 사랑이라는 굴레 속에서 참고 인내하면서 나의 책임감을 다하며 살아왔다고 생각했었다.

누가 뭐라고 하든지 간에 친척들이 오해를 하고 있어도 나는 사랑 받아야 할 내 자녀들이 있었기에 버틸 수가 있었다고 자부하며 살아왔다.

상담공부, 신학학사, 내적치유, 사회복지 석사를 공부하는 동안도 발견하지 못했던 부분들이 성폭력 상담사 교육을 받으면서 나의 자존감이 확 살아나게 되었고, 작동이 멈추고 있었던 무의식에 억압된 것들이 작동되기 시작했다.

살아 오면서 느끼지 못했던 놀라운 사실을 알게 되는 계기가 되었다. 어쩌면 나의 이상이 내 안에서 요구할 때 나

어떤사람의 마음속에 성령이 거하시게 되면, 그 사람은 기도를 멈출 수 없다. - 이어삭

속인수가 주는 고통의 열매들

133

의 낮은 자아가 그 거대한 요구를 뿌리치지 못하고 그냥 짓눌려 살아오게 되었던 것이다.

나도 싫다고 말할 수 있었고, 싫은 것은 안 해도 되는 일이었음에도 불구하고, 힘들어도 힘들다 말 한마디 못하고 살아왔던 것은 자존감의 상실 때문이었다. 내가 얼마나 소중한 사람인지 이론적으론 많이 들어 알고 있었지만 정말 소중한 가치를 깨달은 건 전적인 하나님의 은혜였다.

다른 사람들을 위해서 내가 존재하는 것이 아니라 내가 있어 다른 사람도 있고 우리가 같이 공존하고 있다는 것이다. 내가 없으면 아무것도 아니다라는 것을 깨달으면서 지나간 세월의 아쉬움이 얼마나 나를 허망하게 만들고 있었는지. 아버지처럼 살지는 않겠노라고 뿌리치고 내 멋대로 살다가 이상을 바라본 현실은 꿈인지 생신지…… 보상 받을 수 없는 나만의 고통에 수없는 시간들.

내 인생 쓴 맛을 경험하는 허상일 뿐이었다.

난 참 바보처럼 살았음을 깨달았고 이제는 그렇게 살지 말아야지 다짐하고 또 다짐해 보면서 무너진 마음을 추스려 보지만, 멀어진 탕자의 모습은 되돌아가기엔 너무나 많이 지쳐 있었고, 상하고, 찌들고, 멍든 마음뿐이었다.

아버지가 그리웠다. 또한 나의 형제들이 보고파진다.

그래도 나 자신이 자부하며 인내하며 붙잡고 살아올 수 있었던 것은 나의 정직함과 책임감과 용서하는 마음이 있었기 때문이 있었으리라 생각한다.

'너희 안에 이 마음을 품으라 곧 그리스도 예수의 마음이니.'

'상담을 하다보면 여러 면에서 어려움을 겪고 계시는 분들이 많이 있음을 보게 됩니다.

제가 저 자신에 대해 그리고 우리 가족을 대표해서 환경을 열어 보이게 된 것은 전적인 하나님의 권유에 의해서였다.

하나님께서는 나의 삶에 주인이 되셨고, 나의 상담자가 되셨다. 내가 알지 못할 때에 이미 내 삶을 베스트셀러로 뽑아 주셔서 하나님의 일을 이루게 하신 것이라 믿는다.

난 하나님께서 역사하셨던 내 인생의 자원들을 여러분 앞에 공급해 드리길 원한다. 책에 대한 평가도 있을 것이다. 그러나 나는 작가도 아니요 학자도 아니기 때문에 내 책을 통해 하나님의 영광이 드러나길만을 원한다.

나의 전적인 삶은 하나님의 도구이며 하나님께서 독특하

게 내게 주신 역할이기 때문이다. 그래서 벌거벗은 것 같이 다 들어내 보였지만 난 전혀 부끄럽지 않다. 왜냐고 물어보면 나는 이렇게 의문의 답을 해 볼 것이다.

"그것이 인생이니까!"

여러분 고민하고 계십니까? 고민하시는 분은 욕심이 많거나 이기적이거나 지금보다 조금 더 편해보고 싶어하시는 분들이실 겁니다.

저도 한 때는 다 팽개쳐버리고 나가버리고 싶었고, 새로운 환경을 만나보고도 싶었습니다. 그러나 그 곳은 또 나를 시험하게 하고, 좀 먹이고, 부패하고 상하게 하는 행복을 추구하는 이상의 속임수가 기다리고 있다는 것을 알게 되었습니다.

당신은 무엇을 바라보고 계십니까?

당신 안에는 또 다른 당신이 자라고 있습니다.

현재 자신이 서 있는 위치에서 고민해 보십시오.

여러분의 각자가 서 있는 그 위치는 너무나도 소중하고 중요한 자리가 됨을 기억하시고 어떤 일이 있어도 가정에 부재하지 않으시기를 바랍니다.

나의 가족과 나의 이웃을 내 힘으로 사랑할 수 없을지라도 사랑을 받아야 할 나보다 약한 자들이 내 가족 내 이웃이라는 것을 기억하시고, 조금 더 에너지가 있는 가족 중 한 사람이 가족과 이웃을 지켜줬으면 하는 간절한 바램과 소망을 가져 보면서 이 글을 써 봅니다. 기억하십시오.

'의인은 없나니 한 사람도 없고, 모든 것이 가하나 모든 것이 다 내게 유익한 것들이 아닙니다.'

그러므로 솔로몬의 고백처럼 세상에서 다 경험해 보았지만 그의 고백은 헛되고 헛되고 헛되도다. 인생의 무상함을 고백하고 있지 않습니까?

헤매지 마십시오.

방황하지 마십시오.

무엇을 그리 찾고 계신가요.

진짜는 자신들 옆에 있습니다.

진짜는 내 자신이 보호 받을 대상이 아니라 내가 보호해 줘야 할 대상이라는 것을 잊지 마시고, 이 책을 통해 필요한 한 사람이 자신의 삶 속에서 직면되길 원합니다.

나의 사랑과 관심을 먹고 살아야 좋은 열매, 건강한 열매를 맺고 이상과 현실의 차이를 분별하며 현실에 직면하는

파도타기 경험으로 새로운 인생에 도전하시는 여러분들이
되시길 소원합니다.

우리는 혼자가 아니다.

한 알의 밀알이 땅에 떨어져 죽으면 많은 열매를 맺듯이
바보 처럼 산 것 같지만 나의 열매들은 무럭무럭 자라서
새롭게 피어나 열매를 맺으려 한다.

경험을 두려워 말라

인생은 파도타기

파도타기의 경험은 두려움들을 벗어나게 하는 힘과 의지를 길러준다. 파도를 타는 이유는 바울의 고백처럼 나를 나 되게 하시려고 제련하는 과정이다.

'새로운 경험을 받아들이고 믿고 맡겨라. 그리하면 크고 비밀한 일을 네게 보이리라. 정금 같이 되게 하리라.'

파도를 타게 하는 목적은 하나님이 하나님 되심을 우리로 하여금 알게 하시려는데 뜻이 있다.

파도타기를 즐겨라.

'하나님 창조의 역사를 바라보면, 파도 안에 하나님이 우리와 함께 동행하시는 것을 발견하게 된다.'

'하나님은 영이시니 신령과 진정으로 예배할지어다.'

베드로의 경험처럼 환경을 바라보면 풍랑이 보인다. 두려워진다.

환경이 어떠할지라도 주님만 바라보고 의지하고 나아가

면 구원함을 얻는다.

믿고 따르면 바다의 풍랑도 잠잠해진다. 세상을 이기는 오묘한 맛을 즐기게 될 것이다. 인생의 파도타기는 누구나가 두려워하는 일이다. 두렵기도 하고 때로는 갑작스럽게 일어나는 일 때문에 준비 없이 당할 때 무척이나 당황스러울 때도 있다. 그러나 파도타는 것은 그리 어려운 일만은 아니다. 다른 사람들이 타는 것을 보면 누구나 부러워한다. 자신은 잘 할 수 없을 것이라고 생각하고 포기하는 경우가 많다. 그것은 두려움 때문이다.

파도타기는 간단하다. 힘만 빼면 된다. 자신의 의지와 신념, 사고와 틀, 우리는 흔히 이러한 것을 인생의 무기로 사용하며 살 때가 많이 있다. 그것을 붙들고 있는 한 파도타기에 도전할 수 없을 것이다.

우리는 늘 습관처럼 하나님 앞에서도 그렇게 인생의 파도타기를 경주하며 살려고 한다. 하나님 안에서는 우리가 생각하는 것처럼 도구가 필요한 것이 아니다.

이성이 필요한 것도 아니다. 단지 지혜가 필요하고 경험이 필요한 것이다. 하나님이 주시는 지혜와 하나님 안에서의 경험을 통해 하나님과의 친밀한 관계를 맺어가게 하는 것이다. 하나님과의 친밀한 경험과 신뢰감 속에서만이 두려움을 극복하고, 파도를 즐길 수 있는 기쁨이 무엇인지 알 수 있다.

하나님께서는 우리에게 어떤 것을 요구하지 않으신다. 그저 두려움을 극복하고 파도타기를 즐기기를 원하신다.

때로는 인생 앞에 놓여있는 파도타기가 두렵고 막막할 때가 있다. 갑작스럽게 찾아온 인생의 파도타기, 몰아치는 파도 속에서 헤쳐 나가야 하는 자신의 삶을 보면서 얼마나 거부하고 싶겠는가. 나를 부인하고 두려워서 도망가고 싶은 게 우리의 마음일 게다. 다른 사람들이 잘 타고 있는 것을 보면서 어쩌면 우리는 그것으로 대리 만족하며 살려고 할지도 모른다.

나 자신 또한 살아오면서 파도타기를 거부하려 했다. 하지만 하나님께서는 나에게 꼭 유익한 길인 줄 아시고, 끝까지 나의 인생을 파도타기에서 승리하게 하시고, 계속해서 승리하게 하실 하나님은 한 번도 나를 실망시키신 적 없으셨다. 하나님은 나의 목자가 되신다.

순간순간 고비고비를 멀게도 달려온 것 같은데 한 고비를 가노라면 불순종의 영이 내 안에서 이리재고 저리재고,

포장하고, 합리화하며 현실을 직면하지 않으려 했던 것은 두려움 때문이었음을 알게 되었다.

상담을 하다보니 많은 사람들이 이 부분에 걸려 있음을 알게 되었다.

인생 파도타기를 잘 승화해감으로써 하나님께서 이 자리까지 오게 하셨고, 필요한 사람들에게 도움을 줄 수 있도록 상담소를 운영하게 하심에 더욱 감사한다.

'태산이 높다하되 하늘 아래 뫼이로다. 오르고 또 오르면 못 오를리 없건만은. 사람이 제 아니 오르고 뫼만 높다하더라.'

아무리 삶에 장애가 많다한들 하늘 아래 뫼라는 것이다. 하던 일에서 포기하지 말고, 가고 또 가고 가다보면 누구나 못 할 것이 없다고 한다.

파도타기는 두렵지만 자신이 포기하지 않는 한 그 분은 우리를 놓지 않으신다. 끝까지 믿음으로 인내하면서 그에게 붙어 있어야만 한다. 삶의 두려움을 버리고 파도타기를 즐겨할 때 그 분도 우리를 즐거워 하신다.

신령과 진정으로 예배할지어다.

신령하고 진정으로 드리는 예배는 파도타기 안에서 주님

과 하나되는 체험을 느끼게 한다.

또한, 파도타기는 경건에 이르는 연습이다.

파도타기에서 어느 정도 훈련이 되어 무르익어 가면 창조의 신비로움이 느껴진다. 자신감도 생긴다. 세상을 이긴 쾌감을 맛보게 될 것이다.

파도타기 체험은 환경을 보면 상황이 끔찍할 만큼 아무것도 보이지 않는 것 같은 데서 보게도 하시고 전혀 없는 것 같은 데서 있게도 하시는 하나님을 경험하게 한다.

나에게 역사하신 하나님은 자녀를 통해 열매로서 살아 계심을 보게 하셨다. 아무것도 없는 데서 자녀의 형통함을 보게 하셨다.

서울예고 무용과 3학년인 딸 아이가 동아콩쿠르에서 최고상을 누리게 하신 것처럼 자녀의 비전 위에 기름 부으심이 있게 하셨다. 겉으로 보기에는 형체도 없고 머리 둘 곳도 없는 것 같아 보이나 인간으로서 흠모할 것이 없는 나약한 존재, 그 자체인 것 같은 나, 나의 자녀들이 잘 되어 가는 걸 보면 절대 내 안에서는 좌절은 있을 수가 없었다.

나는 하나님이 주시는 살아 있는 호흡을 하고 있었던 것이다. 그 분은 절대 나를 떠나지도, 버리지도 않으시는 호

흡을 주시는 분이시라는 것을 믿는다. 그리고 그 분은 나를
한 번도 실망시키신 적 없으셨고 생명수가 내 안에서 살아
서 흘러넘치게 하사 생동하게 하시는, 그 능력으로 말미암
아 '여호와는 나의 목자시니 내가 부족함이 없으리로다.'
노래하게 하신다.

이제는 파도타기의 두려움에서 조금은 안심이 되는 듯
하다.

하나님 안에서 죽으면 죽으리라는 결심을 하고 난 뒤 환
경을 포기하고 나니까 별로 두려울 것이 없어지는 것 같다.
갑작스럽게 몰아닥친 파도의 영향으로 육에 속한 모든 것
을 다 잃어버릴 수밖에 없었지만 휩쓸고 간 그 빈 자리는
너무나 쓸쓸하고 아무것도 아니었다.

한참이나 우두커니 빈 자리에 서 있어 본다. 아수라장이
된 삭막한 전쟁터의 분위기, 어느새인가 한 송이의 꽃은 봄
바람에 산들거리며 살아 있다고 신호라도 하고 있듯이 그
를 통해 창조의 신비로움을 느끼게 한다.

앞으로의 삶은 또 어떻게 지탱해 나가며 살아가야 하는
가.

풀리지 않는 수수께끼 같은 의문으로 이내 억눌러 보지

만 그러나 나는 인생의 파도타기 경험으로 더 깊이 이끌려 들어간다. 휘몰아친 파도가 쓸고 간 그 곳에서 지금도 누군가는 한 송이의 꽃으로 남아 봄바람에 산들거리며 살아있음을 신호하고 있듯이.

어떻게 해야할지 막막함 속에서 두려움에 떨며 신음하며 혼자 울고 있을 나와 같은 자를 위해 주님이 내게 찾아와 소망을 주셨던 것처럼, 그들의 상한 마음을 가슴으로 품고 주님이 내게 행하신 일들을 행하여 주리라 다짐해 본다.

이미 하나님께서는 제게 마음의 소원을 이루어 주셔서 부족하지만 성폭력 상담소를 운영하게 하시고 그 분들을 위해 상담하고 있다.

하나님의 위로가 상담 사역 안에서 그들을 풍성히 감싸 안게 하시고 하나님 안에서 위로와 용서와 회복이 있게 하실 것을 믿고 확신한다.

사람들을 만나다 보면 많은 사람들은 넓은 길을 원하지 좁은 길을 택하려 하지 않는다. 자신의 삶이 좁다란 길에서 왜 그렇게 살아야 하는지에 대한 거부감, 불만족, 부담감, 자신이 택한 길을 인정하려 하지 않으니까 넓은 길만 보인다. 결국 내가 생각하는 길만 보인다는 것이다.

우리의 환경에 대한 두려움은 이미 오래 전 아담과 이브로부터 전통적으로 대물림되어 흘러내려 왔다. 이러한 환경에 두려움을 가지고 있기 때문에 많은 사람들이 파도타기를 원하질 않는다. 희생을 원하지 않는다는 뜻이다.

당신의 가족이 행복하시길 원하십니까?

지금까지의 삶의 경험은 믿음에서 나온 것이 아니라 '이전 것은 지나갔으니 보라 새 것이 되었도다.' 이전 것의 경험이라는 것이다.

하나님께서는 당신에게 새로운 경험을 받아들이길 원하신다.

당신 안에 있는 고정관념, 돌덩이 같이 굳어있는 마음, 두려움과 분노, 감정 안에 갇혀있는 나, 그것이 이전 것들이다.

새로운 경험으로 파도타기에 참여자가 되어서 두려움들을 벗어나게 하시고, 하나님께서는 당신의 자녀들 각자에게 주신 고유성을 발견하여 잘 도와주길 원하신다. 행복할 수 있는 권리를 찾아 주시길 원하신다. 당신에게 거짓에 속지 않기를 원하신다. 이전 것을 고집하며 자신 안에서 자신들이 원하는 삶, 욕구, 뜻대로 살지 않기를 바란다.

당신 안에는 당신의 참 당신이 기다리고 있다.

당신 안에 있는 속사람을 보기를 원한다.

당신 안에서도 어린 아이가 울고 있다는 것을 듣길 원한다.

~~~ 로마서 8장 16-18 ~~~
성령이 친히 우리 영으로 더불어 우리가 하나님의 자녀인 것을
증거하시나니 자녀이면 또한 후사 곧 하나님의 후사요
그리스도와 함께 한 후사니 우리가 그와 함께 영광을 받기 위하여
고난도 함께 받아야 될 것이니라
생각건대 현재의 고난은 장차 우리에게 나타날 영광과
족히 비교할 수없도다.

파도타기는 제련하는 과정이다

하나님은 우리에게 좀 더 나은 성숙을 원하신다.

'파도를 두려워 말고 경험하라. 삶은 파도타기와 같다.'

처음 파도가 휩쓸고 간 그 텅빈 자리에서 느끼는 것은 인생은 아무것도 아니다라는 것을 회의적으로 느껴본 것이다.

내게 가장 필요한 것, 아끼는 것, 소유하고 있는 것, 지금까지 붙들고 살아왔던 것, 그것이 무엇이냐, 세상에서 없어질 것들이었다.

힘센 파도가 휘몰아치고 지나 간 뒤, 난 그저 나약함, 무능함, 그 자체였다. 아무 것도 없고, 아무 것도 아닌 나를 발견한 것뿐이었다.

진심을 말하게 하소서

사업이 부도 위기에 있었을 때도 친구에게 보증을 서주었던 남편. 한 가정의 가장임을 포기한 자신의 이름마저 상실해 버린 무책임한 남편. 믿고 사랑한 것이 죄는 아니였건만 지지리도 못나게 하루도 아내를 편한 날 없게 하는구나. 원수를 사랑하라 하셨건만 이러한 상황에서도 이웃을 사랑하라 하셨었나요.

상황은 변명할 여지도 없이 그렇게 흘러만 갔다.

딸 아이는 초등학교 1학년 때 세 번씩이나 전학을 해야했고, 날마다 술에 취해 들어오는 남편은 모든 것을 포기한 사람 같았다.

무너져 버린 내 집은 어디로 갔단 말인가.

요행을 걸고 복구해 볼까하는 마음으로 경마에 미쳐, 술에 미쳐 다니던 그가 너무나 한심스러웠다. 그 많은 사람들 중에 하필이면 7년을 연애하고 내 눈에 꽂힌 놈이 저 놈이란 말인가. 정말 입술에서 더러운 욕설이 터져 나왔다. 그러나 이러한 마음으로 짓는 죄는 아무도 몰랐으리라.

어느 날 외출을 나가다가 경비 아저씨를 만나게 되었는데 아저씨가 하시는 말씀, 교회를 30년 다녔어도 그 댁 가족처럼 행복해 보이는 가족을 보지 못 했다고 한다. 키도 크고 인물들도 좋고, 거기에다 마음씨까지 좋은 사람들 같아 보인다나요. 사람들은 이렇듯 외모를 보며 판단합니다.

겉으로 보기에 다정하고 행복해 보이는 가족이었지만 안으로 보면 속은 썩어 곪아 뭉그러지고 냄새나는 구덩이에 빠져 날마다 허우적대며 그 곳에서 빠져 나오려고 몸부림치며 살고 있는 환경이었다.

나는 특별하게 다른 사람들을 속이려고 하거나 욕심부리거나 다른 사람의 물건을 탐하지도 않았고, 진실하게 살려고 애써 왔을 뿐인데, 왜 그렇게 내 앞 길은 가도 가도 끝도 없고 온통 가시밭 길에, 엉겅퀴에, 돌작 밭에, 마른 땅에... 하나님 목마릅니다.

누구하나 돌봐주지 않는 오지의 벌판에서 나는 이렇게라도 살아 있음을 호소하고 있는데 사람들 앞에 좋은 가정으로 비쳐지고 있었다면, 그것은 하나님께서 그의 은혜로 환경들을 덮어 주셔서 이끌어 오셨기 때문이었음에 감사한다.

얼마 전 책을 쓰고 있는 중에 막내 동생한테 전화를 받았다. 이제 간신히 신앙을 붙들고 믿음으로 살려고 하고 있는 중인데 후두암일 수도 있다는 진단을 받고 기도원으로 들어가 금식기도 하고 있는 중이라 했다.

자신의 처지를 생각하면 이제 나이 40에 애가 셋 딸린 엄마로서 애처롭기 짝이 없는데, 자신의 처지가 그러다 보니 지난 날 언니가 혼자서 겪어 왔을 외로움과 아픔이 느껴져 더욱 자신의 가슴이 미어 오는 것 같아 눈물이 난다고 했다. 그동안 이야기해 온 언니의 고통의 소리가 어떤 것인지 이제야 들린다고 하면서 고통에 참여하는 자가 되어 감사하다고 한다.

그러한 사정에 놓여 있었는데도 불구하고 어느 누구 한 사람도 우리 가족이 굶어 죽어가고 있는 줄 모르고 있었다. 진지하게 나의 고통스러운 이야기를 들어 주는 사람도 없었다. 그저 돕는다고 하는 것은 자신의 방법대로 인정하고, 자신의 방법 안에서 억압하고, 자신들의 생각 안에서 교제할 뿐이었다.

고통의 나날들은 숨통을 조여오고 있고(부채), 막연하고 불안한 것들이 계속해서 나의 삶을 짓눌러 왔다.(무슨 일이 생길 지 모르는 사고에 대한 불안감)

마침내 신경정신과를 찾아야 했다. 병원에서도 이야기를 들어 주는 것은 별로 없었고 약만 받아가지고 왔다. 의사의 처방대로 약을 먹었지만 멍한 정신에 약까지 먹으니 삶의 의욕은 더욱 없어지는 것 같이 느껴졌다.

이렇게 사느니 죽는 것이 낳겠다 싶었다. 맨 정신으로 죽을 수 없으니 소주 한 병을 마시고 신혼 때 찍은 앨범들을 다 끄집어 내어 칼로 갈기갈기 찢어 버리고 마지막으로 목사님께 전화를 드렸다.

그냥 죽으면 너무나 억울할 것 같으니까 증거라도 남겨 놓고 싶었던 것이었다. 목사님 부부는 단숨에 달려오셨고 나의 이야기를 끝까지 잘 들어주셨다. 목사님께서는 성도들의 가정을 찬찬히 돌아보지 못한 것에 대해 부끄러워 하셨고, 목사님이 미안해 해야 될 상황이 아님에도 불구하고 한 영혼을 살리기 위해 사과해 주셨다.

얼마나 지났을까 술에 취해 잠이 들었고 다음 날 아침이 되었다. 친절하게도 목사님께서 전화해 주시며 안부를 물어주셨고, 그 후부터 목사님한테 상담을 받게 되었다.

지혜가 많으시고 친절하시고 사랑이 많으셨던 목사님의 도움으로 한 사람이 새롭게 빚어지는 역사가 있었다.

이렇듯 인간 관계는 잘 보이려고 하는 것만이 관계가 아니라 어떠한 상황에서든 오픈된 만남을 통해 자신의 필요를 해결할 수 있다는 것을 알게 되었다.

홍덕표 집사, 이재경 집사, 음으로 양으로 보살펴 주신 박 목사님께 이 책을 빌려 다시 한 번 은혜에 감사함을 전해본다.

나의 멘토, 그들의 중보가 나를 키웠습니다.

이것이 첫 번째 파도타기 훈련에 임하게 되는 계기가 되었다.

그가 나를 승복시켰다

~~~ 요한복음 14장 11-12절 ~~~
내가 아버지 안에 있고 아버지께서 내 안에 계심을 믿으라.
그렇지 못하겠거든 행하는 그 일을 인하여 나를 믿으라.
내가 진실로 진실로 너희에게 이르노니
나를 믿는 자는 나의 하는 일을 저도 할 것이요,
또한 이보다 큰 것도 하리니,
이는 내가 아버지께로 감이니라.

첫 번째 타도타기

- 형광등(방언) -

앞서 이야기했던 것처럼 이미 내게 있는 것, 소중하게 여겼던 것, 눈에 보이던 것은 다 사라지고 이미 포기 상태였다. 소중한 것을 다 잃어 버렸기 때문인지 파도타기를 맞이

하기로 작정했기 때문인지 조금은 덜 두려워졌다. 내가 원하든 원하지 않든 간에 파도타기는 내 의지대로 되는 것이 아니라는 것을 알았다.

드디어 올 것이 왔다. 애주가였던 남편. 결국 간경화라는 진단을 받게 되었고, 재검진을 받기 위해 큰 병원에 접수, 두달 후에나 진찰이 가능했었다.

도대체 인생이 무엇이관데 웬수 같은 남편이 또 불쌍하다는 생각이 들 수 있었던 건지! 마지막이라면 후회없는 마무리를 해 주고 싶었다. 그의 마무리 인생을 위해 간에 좋다는 민간요법을 다 써서 치료하기 시작했다.

웬수 같은 남편이 명이 긴 건지 아니면 하나님께서 정성에 감동하신 건지 두달 후 진찰받고 검사받은 결과 아무 이상이 없었다. 할렐루야! 하나님을 찬양합니다.

죽은 자도 살리시는 기적을 체험하게 하시고 역사하신 하나님을 찬양합니다. 제 버릇 남 못 준다고 살려 놓았더니 얼마를 못 가 습관이 다시 도지기 시작했습니다.

'어쩌란 말인가요. 하나님, 내 힘으로는 안 됩니다.' 밤새 울며 기도하던 중, 형광등이 갑자기 나갔다.

처음에는 그럴 수도 있겠지 생각했었는데 두 번째, 세 번

진실을 말하게 하소서

째 계속해서 그러니까 머리카락이 쭈뼛쭈뼛 서지더라구요. 이것이 뭣이냐, 마귀 짓이라고 하던가. 갑자기 두려운 생각이 들었다. 냉정해지려고 했으나 마귀라는 생각이 드니까 괜시리 느낌이 더욱 싸늘해지는 것 같았다.

어떻게 할까 잠시 갈등하다가 용기를 내어보았다. 어차피 이판사판, 살아 있으나 죽은 몸이라 생각하고 마음을 가다듬어 다시 형광등을 켜보니 불이 다시 들어왔다.

마음 속에 두려움이 스며드니 생각도 복잡해지고 기도가 잘 나오지 않았다. 그래서 주기도문을 펴놓고 읽기 시작했다. 거짓말 같은 진실이었다.

형광등 불빛이 6~7번쯤 들어왔다 나가고는 1시간쯤이나 지났을까 형광등 불이 켜지더니 다시는 나가지 않았다. 두려움은 사라지고 방언이 터져 나오기 시작했다. 일본, 러시아, 중국, 이스라엘, 미국 등 몇 나라 방언인지 줄기차게 나오는데 너무너무 신기하고, 기쁘고, 재미가 있어서 그 날 밤 나는 혹시나 잠 자다가 방언이 사라질까봐 밤새 방언으로 기도하면서 새벽을 밝혔다.

할렐루야! 골방 안의 기도가 하나님의 승리하심으로 역사를 이루게 하신 것입니다. 그 때를 생각하면 지금도 희열이 느껴진다. 잃어버린 것이 있으면 반드시 얻어지는 것도 있다는 사실을 기억하시고 상황이 어떠하던지 낙심하지 않으시면 하나님께서는 우리에게 꼭 승리하게 해 주실 것을 믿는다.

두 번째 파도타기

- 딸의 예중시험 / 신학공부 -

무엇하나 바라볼 것 없는 가운데도 딸 은주와 아들 제원
이는 무럭무럭 잘 자라주고 있었다. 아이들이 나에게는 그
어떤 것보다 값진 하나님의 은혜의 선물이요, 위안이 되었
다.

특별히 딸은 무용을 잘했다.

사업이 부도나고 집에 차압이 들어오고 그 난리법석을

쳤을 때에도 모든 걸 포기하며 살 수는 있었어도 딸 아이의 재능만큼은 포기 할 수 없었다. 형제들과 친척들은 먹기 살기도 어려운 형편에 돈 많이 들어가는 무용을 시키고 있다고 하면서 손가락질을 해댔다.

그러나 그런 것은 두렵지 않았다. 형편은 잠시 어려울 수 있지만 형편이 어려운 것은 부끄러운 것도 아니고 두려워 해야 할 것도 아니었기 때문이다.

우리의 인생에 있어서 중요한 것은 인생에 목적이 있느냐, 나는 무엇에 가치를 두고 있느냐, 무엇을 바라보고 나아가느냐, 무엇을 믿고 있느냐가 중요한 것이라고 생각한다.

우리를 가난하게 하신 것에 나는 오히려 감사한다. 우리를 부유하게 하셨으면 돈을 바라보고 목표를 향하여 나아갔을 것이다. 없는 것에서 있게 하려면 믿고 따라가는 수밖에 더 있겠는가. 믿음의 방향을 인도해 주시고 확신을 가질 수 있도록 도와주신 하나님의 은혜에 날마다 감사한다.

도와줄 힘도 없는 어려운 형편에 들어가기도 어려운 예술중학교(예중)시험을 쳐보기만이라도 하면 안 되겠냐는 딸 아이의 애절한 말 한마디가 내 가슴을 아프게 파고 들어왔다.

'죽은 사람 소원도 들어 준다고 하던데 산사람 소원 하나 못 들어 주겠는가 싶어 지금까지도 그렇게 살아왔던 것처럼……' 시험만 한 번 봐 볼 수 있냐는 딸 아이의 말을 냉정하게 거절할 수가 없었다.

예중에 들어가기도 어렵다던데 떨어져야 한다는 것을 전제한 것은 아니었지만 결정을 내리고 시험을 준비하는 동안 이내 생각은 혼돈스러워졌다. 기도도 어떻게 드려야 할지도 어려워졌다. 시험에 떨어져도 속상하지만 붙어도 어떻게 해야 할지 고민스러운 일이 아닐 수 없었다.

주님께 자녀들을 맡긴다는 뜻이 무엇일까 고민해 보았다. 모든 것에 대한 결정권의 주체는 내가 아니라 하나님이심을 확고히 믿는다면 딸 아이의 그 나머지 인생도 하나님께서 책임져 주시리라 믿는 것이다. 결정이 어떻게 나오던 간에 하나님의 결정에 따르겠다는 마음을 굳히고 났더니 마음이 평안해졌다.

사람들은 오류에 빠지기 쉬운 경향이 간혹 있다. 내가 경험한 바로도 그렇다. 주님께 맡긴다고 기도하면서도 막상 결정이 떨어지고 나면 하나님께 맡겼으니 책임에 대해서도 방관적으로 지나쳐 버릴 때가 있다. 기도한 것에 대한 응답은 자신이 책임성을 가지고 행하는 것이고, 주님과 함께 십자가를 지고 가는 길이다.

주님께 행사를 맡긴다는 것이 이렇게 홀가분한 것인지 파도타기 경험을 통해서 한층 더 성숙한 또 다른 나의 감정으로 하나님 앞에 나를 다스려 본다.

'수고하고 무거운 짐진 자들아, 다 내게로 오라. 내가 너희를 쉬게 하리라.'

드디어 십자가를 지고 가야하는 하나님의 결재가 떨어졌다. 합격과 동시에 우리의 삶은 비록 좁은 길을 선택해야만 했지만, 하나님과의 관계는 다 한층 좁혀지는 과정으로 파도타기에 임할 수 있었다.

어느덧 환경은 파도타기의 생활에 익숙해져 갔다. 이스라엘 백성들에게 허락하신 것처럼 우리 가족에게도 만나와 메추라기로 일용할 양식을 주셔서 하루하루 살게 하시고, 때마다 필요에 따라 공급해 주심으로 하나님의 은혜와 사랑을 날마다 체험하며 살게 하셨다.

안 믿을 수 없는 예수, 파도타기 경험을 통해 환경의 두려움을 극복할 수 있도록 하셨고, 훈련을 통해 의지를 갖게

진실을 말하게 하소서

하심으로써 상황들을 지혜롭게 극복할 수 있도록 도와 주셨다. 난 그런 예수가 좋답니다.

파도타기를 훈련하고 있는 동안도 내 인생에 큰 감동을 받을 만큼 환경의 변화는 일어나지 않았다. 생활도 조금씩 안정을 찾아 가고 있었는데 생활이 평안하다 할 때 하나님께서 또 한 고민을 주셨다.

내 영혼에서 신학이라는 용어가 흘러나오는 것이었다. 마음에 부담을 갖게 되었다. 어떻게 해야 할지 고민하다가 다급한 마음에 집 앞에 조그마한 기도원이 있어 기도하러 갔었다. 목사님께서 기도 중에 계셨었는데 저를 보시고 심령 기도를 해주신다고 하셨다. 한참이나 저에 대한 기도를 하나님께 드리시더니 하나님께서 신학교를 가라고 하신단다.

깜짝 놀란 나는 한쪽으로는 해답을 얻은 것 같아 후련함도 있었지만, 한쪽으로는 인정을 해 버리면 신학을 해야 할 것 같아 마음이 불안해지면서 인정하고 싶지 않았었다. 그 마음까지 아시는지 목사님께서 하시는 말씀이 흘려 들으면 가족에게 어려움이 생길 수 있다고 하시면서 빨리 순종하라고 하셨다.

갑자기 두려운 생각이 들었다. 뭔가 지금의 상황을 빨리 피해가야 할 것만 같았다. 그래서 결정한 것이 그 분이 이단일거야. 하나님께서는 두려운 마음을 주시지 않는다고 하셨는데……

스스로 합리화해 가며 분을 내어보기도 하고 나름대로 변명도 해가며 마음을 추스러 보기도 하면서 두려운 마음을 달래고 있었다.

그때 그 분은 여 목사님인 동시에 사모님이시기도 하셨다고 했다. 혹시 사모님께서 이 책을 보고 계시다면 신학을 해야 한다는 부담감과 두려움이 있어서 목사님을 오해 하고 있었다는 것을 용서해 주시길 바랍니다.

신학을 해야 한다면 식구들에게 문제가 생기기 전에 순종해야 한다는 생각이 자꾸 떠나지 않게 되자 하나님께 3가지 기도 제목을 내놓았다. 그 때 담임목사님께서는 미국 훌러신학교 박사과정을 공부 중이셨다.

첫째, 미국에 계신 목사님과 통화할 때 목사님을 통해 응답이 있을 것.

둘째, 어쨌든 남편은 남편이니까 그를 통해서도 응답이 있을 것.

셋째, 뭐니뭐니 해도 돈인데 학비가 조달되게 해 주실 것.

기도하면서 하나하나 행동으로 옮겨 가기 시작했는데 첫 번째로 목사님께 전화를 드렸더니, 이제야 생각이 일치 했노라고 목사님께서 말씀하시며 기대가 된다고 하셨다.

둘째 응답은 남편을 통해 듣는 일이었는데 핑계치 못할 대답으로 나를 당황하게 했다. 남편의 대답은 언제부터인가 자신도 그렇게 생각하고 있었다는 것이다.

세 번째 응답으로는 핑계거리를 찾았다. 생각해보니 돈이었다. 옳지 핑계거리를 찾았다 싶어 '먹고 사는 것도 빠듯한 사정에 신학교에 들어갈 입학금이 어디 있어. 잘도 들어갈 수 있겠다.' 하고 비아냥거리면서 남편의 코를 납작하게 만들어 놓았던 날. 이게 웬일인가! 하나님은 하나님의 방법으로 계획 해 놓으시고 일을 이루어 가셨다. 말이 떨어지기 무섭게 남편은 행동으로 뒷처리를 다 해 놓아 버렸던 것이다. 이만하면 얼마나 말 안하고 사는 부부인줄 아시겠죠. 남편이 신학교 입학원서까지 다 써서 제출하고 왔다고 한다. 그 날이 원서 마감 날이었다네요.

하나님께서는 계속해서 나를 당신 옆에 두시는 것을 포

기하지 않으셨다. 육에 속한 나를 바삐 건져 주시고 하나님
안에서 새롭게 세워 주시길 원하셨던 것이었다. 낮에는 상
담 공부, 야간에는 신학교. 지식의 통로가 열리고 치유의
샘물이 흘러 넘쳤다. 하나님이 주시는 복이 터졌다.

환경은 어두웠을지라도 내 영혼 안에서 자유와 희락과
화평이, 기쁨과 충만이 넘치는 것을 느껴본다.

그것은 돈으로 사서 채워진 것도 아니었고 하나님의 능
력 안에서만 채워질 수 있는 하나님의 전적인 축복과 은혜
였다.

세 번째 파도타기

- 아들 / 덤프트럭 -

신학교에 들어가면 모든 학생들은 거룩성이 다 살아 있을 줄 알았다. 그래서 나 같은 사람이 들어가서 어리버리하면 어떡하나 걱정도 되었다. 처음 신학교를 들어가서 기대했던 것과는 달리 어쩌면 그렇게도 제각기 다른 사람들이 모여들어 자기 잘난 맛에 산다고 떠들어 대던지.

신학교에는 나보다 더 나은 사람들이 왔으리라 생각하고 나에게 많은 도움이 되겠다 싶었는데 하나님의 생각은 나와 또 다르신가보다. 나와 같은 사람들을 불러 모아 놓으시고 신학교를 통해 가르치시고 훈련을 통해 성장시키시려는 하나님의 계획이 있으셨음을 깨닫게 되었다.

그리스도는 죄인들을 부끄러워하시지 않는 분이다. - 마틴 루터

분주한 하루 생활에 육신은 지치고 피곤했지만 기쁘고 즐거운 나날 속에 나의 모든 치유와 회복이 마음 속에서 일어나고 있었다.

　　아침 9시 집에서 출발하여 상담 공부가 끝나고 나면 4~5시, 집으로 돌아와서 저녁 준비를 바로 해 놓고 신학교로 출발하면 5시 30분, 학교 수업 시작 시간 땡, 10시에 끝나고 집에 오면 11시 30분, 자고 있는 아이들에게 가슴에 손 얹고 기도하고 이마에 뽀뽀해 주며, 다음날 아침 볼 수 있도록 편지를 써서 머리맡에 두었다. 아이들에게 많은 시간을 할애하지 못하니까 엄마의 최선의 방법으로 이렇게 직·간접으로라도 아이들에게 관심가지고 사랑하고 있다는 표현으로 행동하게 된 것이다.

　　그렇게 해서 겨우 2년을 마치던 해, 초등학교 4학년인 아들에게 문제가 생겼다.

　　아침에 일어나 아들의 가방을 챙겨야 하는데 아무리 찾아봐도 가방이 안 보였다. 엄마한테 혼날까 봐 이불 속에서 숨 죽이고 있던 아들에게 물어보니 잃어 버렸다고 했다. 어디다 잃어버렸냐고 물으니까 모른다고 하네요. 학교 수업 늦을 새라 있는 것만 챙겨서 학교를 보내긴 했지만 이렇게 살아도 되는 건지 조금씩 걱정이 되었다. 가방을 새로 사 놓고 가정 예배를 드렸다. 다시는 그러지 않겠노라고 다짐 했던 아들이 일주일 후 또 가방을 잃어버리고 들어 왔다. 원치 않았지만 어쩌다가 그렇게 된 자신의 모습이 싫었던 지 스스로를 자책하며 아들은 마구 서럽게 울어댔다.

엄마의 오랜 부재로 인해 아들에게 불안함이 있었나보다. 생각하니 미안하기도 하고, 아들의 그러한 모습을 보면서 너무나 마음이 아팠다. 아들을 향한 가슴 아픈 마음을 끌어 안고 나는 하나님께 간절히 간구해 보았다.

'아이의 엄마로서 이제 오랜 부재를 끊겠습니다. 하나님, 제 아들이 고아처럼 방황하고 있는데 제가 누굴 위해 무슨 일을 하겠습니까. 나는 과부이고 아들은 고아인데 말입니 다. 다른 사람을 써 주세요. 저 보다 더 여유가 있고, 하나 님을 더 잘 섬길 수 있는 분들이 내 주위에 너무나도 많은 데 왜 하필이면 저입니까?'

하소연 하듯이, 따지듯이 하나님 앞에 나아갔다. 그런데 이게 웬일입니까. 갑자기 환상이 떠오르면서 횡단보도를 건너려고 파란 신호를 기다리고 있던 아들에게 커다란 덤 프트럭이 갑자기 돌진해오고 있는 것이 아닌가. 나도 모르

게 눈이 번쩍 떠졌다. 꿈도 아니었고 생시도 아니었다. 그
냥 환상일 뿐이었다. 그러나 진짜 일어나고 있는 상황처럼
느껴져서 얼마나 놀랐는지. 나는 그만 하나님 앞에 납작 엎
드리지 않을 수 없었다.

'주님! 살려주세요. 우리 아들을 제발 살려주세요. 어떻게
해야 합니까? 주님! 도와주세요.' 라고 주님께 간청하고 있
었는데 스쳐 지나가는 소리 처럼 미세한 음성이 들려왔다.

'네가 집에 있다고 하여 건널목에 있는 아들을 구할 수
있겠느냐? 너는 할 수 없지만 나는 할 수 있느니라.'

'아멘. 주님, 그렇습니다. 주님은 하실 수 있으십니다. 당
신의 뜻대로 이루어지길 원하나이다. 나의 두 아이들의 모
든 것을 당신께서 책임져 주시길 부탁합니다.'

그 순간 나는 온 몸에 전율이 흐르는 듯 떨려옴을 느꼈
다.

믿음이 없이는 하나님을 기쁘시게 못 하나니 믿고 따르
면 다 이루어지게 하실 줄 믿는다.

다시 새로운 마음을 가지고 신학교에 갔다. 여전히 믿고
따르겠다고 하나님 앞에 약속은 했지만 그래도 아이가 안
쓰럽고 하는 일들이 못 미더워졌다. 이것이 나약한 인간의

본능이런가!

　같은 날, 금요 철야 예배가 신학교에서 있었다. 의심이 많은 도마처럼 확실한 응답을 다시 한 번 더 받고 싶었다. 마침내 예배가 시작되었고 신학생 모두가 통성으로 기도하는 시간이었는데 얼마나 뜨겁던지 심장을 찢는 듯한 울부짖음의 소리가 내 처지를 대변하게 하는 듯 했다.

　바람이 불 리가 없는 초여름 날씨였는데 갑자기 발 밑으로 회오리 바람이 발을 감싸고 지나가는 것 같더니 내 눈 앞에 대중목욕탕 같이 커다란 탕이 보였다. 그 탕 안에 벌거벗은 사람 몇몇이 들어가 있었는데 그 고통을 매우 견디기 힘들어하며 앉아 있었다.

　그 안에 있는 것은 물이 아니라 100도 이상 끓고 있는 기름이었다. 기름탕에 몸을 튀기며 들어 앉아 있는 것을 보게 하신 것이다. 내가 본 환상은 기름탕 안으로 사람이 잠기게 되면 살이 녹아버려 뼈만 보이고 기름 위로 뜨게 되면 살이 새롭게 붙어 있고 너무너무 고통스러워 하는 그들을 보면서 마음이 찢어지는 듯 아팠다.

　'주여, 어찌 하오리까. 저들을 구원해 주시옵소서.'

　그들은 너무나도 괴로워하고 있었다.

안타까운 심정으로 계속해서 기도를 드리고 있었다.

그리고 얼마 후 장면이 또 바뀌더니, 요단강이 갈라지는 강가 앞에서 크고 작은 사람들과 어린 아이, 어른 할 것 없이 강을 건너고자 기다리고 있었는데, 뒤에서 적군들이 그들을 물 속에 처넣으려고 달려오고 있는 것 같은 장면들을 보여 주셨다. 쫓기고 있는 사람들 모두가 아우성들이었다.

나는 그러한 아슬아슬한 순간들을 경험하면서 전능하신 하나님의 위엄 앞에 다시 한 번 승복되고 말았다.

'주님, 내 곁에 있는 분들을 구원하여 주옵소서. 너무나 다급하고 두렵습니다. 나로 하여금 이들이 피할 수 있도록 도와주옵소서.'

기도가 끝나자 갑자기 주위가 잠잠해진 것 같았다.

눈을 뜨고 보니 신학우들은 하나 둘씩 빠져나갔고, 나는 누구에게 한 대 얻어맞은 것 같이 정신이 멍한 상태에 있었다. 몸도 함부로 움직이질 못 하고 그렇게 한참을 앉아 있었다.

그 때서야 나는 하나님의 부르심에 대한 소명을 정확하게 깨닫게 되었다.

위기의 상황에서도 늘 언제나 섬세하게 가르쳐 주시는

진실을 말하게 하소서

하나님.

그 하나님은 내 아버지시다.

~~~ 히브리서 10장 14절 ~~~
저가 한 제물로 거룩하게 된 자들을
영원히 온전케 하셨느니라.

네 번째 파도타기
- 주인집 집사님 -

어느덧 신학교 훈련의 과정을 우여곡절 끝에 다 마치고, 하나님께 분명한 소명을 받고 보니 행동 하나 하나가 조심스러워졌다.

마치 하나님의 거룩하신 뜻을 전수받은 것 처럼 스스로 마음가짐도 바르게 하며, 하나님의 의를 먹고 의를 나타내며, 직분의 자유함을 얻어 더 많은 사람들을 섬기게 하셨다. 조금은 우스운 소리지만 신학대학 4년을 마치는 동문들도 다 나와 같은 생각을 했을 것이라 생각해 본다.

졸업할 때가 되니까 모두 한 껍데기를 벗겨낸 듯한 모습으로 신학교에 처음 들어올 때보다 미끈해져서 돌아가는 모습들이 자랑스러웠다.

물론 신학생활 중에도 목사님이 되신 분도 계시고, 강도사님, 전도사님, 아주 능동적으로 하나님의 거룩한 군사가 되어서 직분에 충실하게 감당하시는 것을 눈으로 보게 되었다. 하나님의 한 사람 한 사람 세워 가시는 일들을 보면서 모든 것이 전능하심에 감탄할 뿐이다.

상담을 공부해서 그런지, 신학교 내내 상담이 끊어지지를 않았었다.

그 가운데서도 사례가 될 만한 사건 중에 하나는 남편의 사업 부도로 인하여 집사님댁 3층에서 세들어 살다가 지하방으로 옮겨 살게 되었는데, 우리 가족이 지하로 이사오고 얼마 후 주인이 자기집 건물 3층으로 이사오게 되었다.

주인집 집사님은 정신병으로 오랫동안 고생하신 분이었다. 게다가 사랑하는 어머님까지 잃게 되어 그 충격으로 귀신병이 들게 되었는데, 나를 만났을 때는 이미 약을 먹고 있었고, 사람의 눈을 마주치지도 못할 정도로 심각한 상태에서 목소리조차 어린 아이 소리를 내고 있었다.

나도 그 당시는 제정신이 아닌 상태에 있었다. 그래서 계속 상담공부를 통해 회복단계에 있는 가운데 있었는데, 공부가 끝나고 집으로 오면 집사님은 기다렸다는 듯이 내려와 하루종일 같이 놀자고 했다. 혼자서 있으면 두렵고 우울해진다고 한다. 우울해지면 죽고 싶다는 생각이 자꾸 드니

까 혼자 있는 것을 상당히 싫어하셨다. 거짓말이 아니라 1
년 6개월쯤, 공부하러 가는 날 빼고는 하루종일 같이 있었
다. 했던 이야기 또 하고, 또 해도 끝이 없는 이야기지만
그래도 나와 함께 있으면 좋다고 하니 어쩌겠는가.

시험 보는 날에도 공부 좀 하려고 하면 뭐하고 있느냐고
물어보시며 내려오신다. 시험 공부하고 있다고 하면 '어머,
마귀가 역사하네.' 하면서 들어오시면 학교 갈 때까지 말 시
키다가 졸다가 그렇게 하루 종일 계시다가 내가 학교 갈
때 쯤되면 같이 따라 나오신다.

어느 때는 학교에 갔다 온 아이들이 들어와 엄마에게 학
교에서 있었던 이야기를 하려고 하면 말도 못하게 하신다.
아이들이 이야기 할 때면 당신이 하려고 했던 말을 까먹어
버린다는 것이다. 그래서 우리 아이들에게 밖에 나가 놀라
고 하신다.

그래도 나는 한 번도 시험이 먼저가 되거나 아이가 먼저
가 되지 않았었다. 그저 주님이라면 어떻게 하셨을까 생각
하고 행동했고, 오죽하면 저렇게 까지 할까를 생각하고 그
저 그 분이 하시고자 하는 대로 따라주었다. 누군가에게 내
이야기를 하고 싶었던 것처럼 그 분 안의 답답함이 느껴졌

기 때문이었다. 그러나 우리 아이들은 엄마로부터 거절감에 상처를 입었으리라 생각된다.

나를 만나고 이야기를 털어 놓으시면서, 약을 끊어버리시고, 기도원도 다니시고, 하나님 앞에 죽도록 매달리셨다. 그러던 중, 치료가 많이 되셨고 병 고치는 치유의 은사도 받으셨다. 하나님께서 내게 그 분에 대해 뜻을 가르쳐 주셨다.

신학을 공부해야 한다는 것이다.

물론 신학을 해서 전도사나 목사의 사역을 감당하라는 것은 아니다. 말씀으로 계속 채워 주지 않으면 정신병이 또 다시 재발될 수 있다는 것이다.

집사님께 말씀 드렸더니, 정신병 있는 사람한테 희롱하는 거냐고 하시며 상당히 화를 내시고 기도원으로 가셨다. 그리고 금식하며 기도 하던 중이었다고 한다. 누군가 와서 '신학 해야 겠네요.' 하더라네요.

나한테 그 이야기를 듣고 나서 신학 하라는 이야기를 여러 명한테 듣게 되었다고 한다. 친척 목사님을 마지막으로 찾아가 상담을 받고 나서야 하나님의 뜻인 줄 알았다고 한다.

많은 사람들이 신학에 대한 오해가 있는 것 같다. 신학을 한다고 하면 누구나 전도사, 목사가 되어야 한다는 고정관념을 가지고 있는 것 같다. 그러나 그것은 잘못 이해하고 있는 것이다.

우리는 지혜가 없고 분별력이 없으므로 하나님의 말씀으로 날마다 가르침을 받고 깨달음으로 말미암아 마음과 생각에 붙잡혀 있던 이전 것들에 대한 사고 체계를 바꿔지게 함으로써, 하나님 안에서 승리하게 하시려고 말씀을 공부하라고 하시는 것에 대한 하나님의 뜻이 있으심을 우리는 건강하게 받아들여야 할 것이다.

정신적, 육체적, 영적인 어려움을 가지고 계시는 한 사람을 만나 도와줌으로써 하나님께 영광이 되게 하시신 하나님께 감사합니다. 우리의 참 하나님께 영광을 돌려 드립니다.

이것이 나의 간증이요, 이것이 나의 찬송이 됩니다.

나 사는 동안 끊임없이 승리로 이끄시는 구주를 찬송하리로다.

다섯 번째 파도타기
- 아들의 반장당선과 중국유학 -

자녀를 떠나보내는 일은 그다지 쉬운 일이 아니었습니다.

신학을 졸업하고 사역은 나가야 하는데 교회 안에 있으면 개인의 시간을 활용할 수 없었으니 참으로 애를 먹었던 적이 한두 번이 아니다. 그러다 보니 안타깝게도 교회를 자주 옮기게 되었고, 사역을 오랫동안 한 교회에서 지속할 수가 없었다.

딸 아이가 무용을 하느라 늘 분주한 생활 속에서 둘째인 아들에게는 미처 신경을 못 쓰며 살아 왔다. 어느 콩쿠르를 나가더라도 최고상을 타오는 것이 딸 아이였다.

항상 상을 받아 오는 누나한테 치여서 기가 죽어 있는 것 같은 아들에게 어떻게 하면 보상이 될 수 있을까 늘 고민이 되었다. 초등학교 6학년 때는 좋은 아이디어를 생각해

냈다.

아들이 축구를 잘하니까 친구들에게 인기가 좋았다. 그것을 미끼로 해서 몇몇 친구들을 집으로 불러놓고 파티를 해주며 아들을 반장으로 밀어달라는 선거 전략을 짰다. 친구들은 그렇게 하겠다고 하며 아들을 부추겼다.

선거에 나간 아들은 무리없이 반장으로 뽑혔고, 그 다음 전략으로는 전교 회장을 목표로 단시간에 지혜를 모아 보았다.

어떻게 되었을까요? 물론 득표 차이로 인해 아쉽게도 떨어졌지만 전교 회장 선거에 출마 했었다는 것만으로도 아들에게는 좋은 경험이 되었다고 할 수 있었다. 그렇게 해서 아들에 대한 미안함들이 조금은 편안해졌다.

어느 날 무용 학원에서 무용을 같이 하던 딸 아이 친구 엄마를 2년 만에 백화점에서 우연히 만나게 되었다. 친구 엄마랑 가족의 안부를 서로 묻고 있던 가운데 그 집 아들(고 2학년)이 중국 유학을 가 있다고 하는 얘기를 들었다. 이야기를 잘 듣다보니 그 자리는 왠지 우리 아들이 가면 적응을 잘 할 것 같다는 생각이 들었다.

중국에서는 오랜 전통이 있는 '55중' 이라는 국제학교이며 지금까지는 대사관 직원들의 자녀만 들어가는 학교라고 했다. 그런데 그 아들이 들어갈 무렵부터는 일반인들도 받았다고 한다. 그러나 티오가 그렇게 많지는 않다고 했다.

우스게 소리로 '그 학교 자리 있으면 우리 아들 추천 좀 해 줘요.' 하고 헤어졌는데 며칠 후 연락이 왔다. 티오가 났는데 정말 갈 수 있겠느냐는 것이었다.

아들의 평소 비전은 국제 변호사로 선교하는 것이었다. 그래서 기회만 있으면 유학을 가고 싶어 했었다. 그 꿈을 이루어 준다는 것에 대한 기쁨도 있었지만 한편으로는 유학이라는 갑작스러운 단어에만도 모두가 나보고 미쳤다고 할 것에 대해 걱정이 되었다. 물론 형편도 그렇게 할 수 있는 형편은 더욱 아니었다. 그러나 왠지 내 마음 속에서 황금 같은 기회라는 생각이 자꾸 들었다.

기대한 것은 아니었지만 이야기를 꺼내보기로 했다. 아들은 무조건 좋다고 했다. 자신 스스로도 좋은 기회라고 생각한다고 했다. 그러나 아빠는 무조건 반대였다. 물론 남편의 입장에서 보면 형편상 반대할 수 밖에 없는 상황이 된다는 것도 안다.

그러나 하나님께서 내 마음에 황금 같은 기회를 주셨다

고 생각한 이상 인간의 생각을 뛰어 넘으시는 하나님께 물어야 되지 않을까 생각이 되어 그 날로 금식에 들어갔다. 금식 후 3일째 정확하게 응답이 왔다. 찬송가 가사 내용이었다.

'499장, 저 장미꽃 위에 이슬 아직 맺혀 있는 그 때에, 할 일 많아서 널 가라 명하신다. 주와 함께 동행을 하면서 너를 친구 삼으셨네. 이 기쁨을 알 사람이 없도다.'

499장 찬송가는 많이 불러 봤지만 그 가사 내용에 이처럼 구체적인 응답의 메시지가 들어 있음을 참으로 몰랐었다.

너무나 놀라운 일이 아닐 수 없었다.

그 응답이 있은 후 우리 가족 모두는 그 누구도 하나님 앞에 대응하지 못했다.

'이 기쁨은 알 사람이 없도다.' 아들과 나는 이 찬송가를 부르며 서로 끌어 안고 울었다. 우리 둘만이 아는 기쁨이었다.

그렇게 해서 20일 만에 짐을 꾸리고 비자를 내고, 몸을 바쁘게 움직여서 아들에게 유학의 첫 길이 열리게 되었다. 아들에게는 처음 가보는 유학길이라 내가 함께 동행 하기로 했다.

어설프게 탑승 수속을 거치고 중국 땅을 처음 밟는 순간 주님이 내게 주시는 말씀, '이 땅이 곧 가나안 땅이다.'라고 말씀하시는 것을 느꼈다.

마중 나온 홈스테이 장로님 가족과 만나 함께 하숙집으로 갔다.

짐을 대충 풀고 잠시 아들과 예배를 드렸다.

가나안의 거대한 국가라고 겁먹지 않았던 여호수아와 갈렙처럼 공부하는 동안 중국 나라 역사를 공부하면서 정탐하는 과정이다라고 생각하고 최선을 다하라.

천국은 침노하는 자의 것이다. 침노 당하면 죽는다. 가나안의 거대한 땅을 두려워했던 백성들은 여호수아와 갈렙만 남아있고 다 죽었다. 여기는 하나님께서 가나안 땅이라 하신다. 정복하고 다스리고 땅에 충만한 복을 너에게 주시려고 하나님께서 너에게 훈련하는 과정을 중국 땅을 통해 주신 것으로 생각하고, 공산주의 국가에 정복 당하지 말고 그 땅의 문화를 배우고 정복하고 다스리는 훈련을 너 스스로 터득하고 배워서 이 땅에 사는 동안 충만하게 살기를 바란다.

'너의 가는 길에 주의 축복있을 것이다. 너는 혼자가 아니다. 가정과 가문을 위해 나라와 국가를 위해 하나님 나라를 위해 파송된 것을 깊이깊이 되새기고 있거라.'

이제 학교에 가게 되면 각 나라에서 온 친구들을 만나고 그들을 경험하게 될 텐데, 그동안 큐티하면서 엄마와 훈련한 것을 잊지말며 항상 큐티하는 시간을 놓치지 말고 하나님이 너를 지목하여 불러주신 은혜를 날마다 감사해라. 하나님께서 미리 아시고 준비하시고 훈련하신 것이라 생각하니 얼마나 주님 앞에 감사했는지 모른다.

인간은 이렇게 한치 앞도 모르고 살면서 새로운 환경에 처하게 되면 불평하고, 원망하고, 아우성치고 살다가 하나님의 뜻을 깨닫고 나면 하나님 앞에서 할 말을 잃어버리게 된다. 그런데도 여전히 우리는 자신의 생각대로 저마다의 목소리를 내고 싶어 한다.

중학교에 들어가자마자 아들에게 혹독하게 큐티를 시켰다. 내 의지로 그렇게 했다고는 생각하기 어려운 일이었다. 아침에 30분 이상 큐티를 꼭 하고 나서야 학교를 가야지, 큐티를 안 하고는 학교를 지각하더라도 안 보냈다. 나중에 간증하며 들은 이야기지만 오죽하면 집에서 나올 때 거의 매일 같이 지각하는 자신이 친구들에게도 부끄러웠고, 스스로 화가 나서 횡단보도 건널 때마다 차에 치여 죽고 싶었다고 했다.

지나간 일이지만 아들에게 이러한 엄청난 고백을 듣는 순간 충격이 되지 않을 수 없었다. 한편으로는 너무 미안하기도 했지만, 다른 한편으로는 아들을 향한 하나님의 비전이 이렇게 방대하게 계획하시고 나를 통해 준비시켜 주시고 역사하셨구나를 생각할 때 아들을 향한 하나님의 비전을 더욱 기대하지 않을 수 없었다.

~~~ 빌립보서 3장 13-16절 ~~~
형제들아 나는 아직 내가 잡은 줄로 여기지 아니하고
오직 한 일 즉 뒤에 있는 것은 잊어버리고
앞에 있는 것을 잡으려고 푯대를 향하여
그리스도 예수 안에서 하나님이 위에서 부르신
부름의 상을 위하여 좇아 가노라.

여섯 번째 파도타기

- 아들의 졸업실패 / 딸의 동아콩쿠르 -

파도타기 안에서 죽고 사는 것과 부활하는 경험을 합니다.

아들이 유학 3년을 마치는 해였던 것 같다.

한달 전부터 아들을 위해 기도하게 되었다. 왠지 모르게 아들에게 어둡게 느껴지는 부분이 있었다. 사춘기가 와서 그런가보다 생각하고 전화를 자주해줬다.

중학교 졸업을 며칠 앞두고 축하 전화를 하게 되었다. 여 집사님께서 마침 전화를 받으셨는데 갑자기 억장이 무너지는 소리를 듣게 되었다.

제원이가 졸업을 하지 못하게 되었다네요.

이유인 즉, 그 학교 체제는 시간을 엄수하는 것이라고 한다. 그런데 사교성이 많고 모든 사람들에게 인심이 많은 아들이 점심을 먹고 나서 후식을 하면서 친구들과 교제하다가 그만 수업 시간을 놓쳐 지각을 몇 번 했었던 모양이다. 한두 번은 용서가 되었겠지만 습관적인 것은 학교 측에서 벌칙이 무섭게 다뤄진다고 한다. 첫 번째 시범 불량학생으로 아들이 지목되었고, 선생님 말씀을 거역하고 시간 엄수하지 못한 것에 대한 벌로써 퇴학 조치가 결정되었다는 것이었다.

갑작스럽게 한대 얻어 맞은 것 같은 느낌이 들었지만 가까스로 정신을 차리고 나서야 여 집사님이 어떤 말을 했는지 이해가 되었다. 그토록 위기 상황에 있었는데도 알리지 않았다는 것은 참을 수 없는 일이었다. 알리지 않은 것과 무책임한 행동에 화가 났다. 믿고 맡겼는데 며칠 안 남은 졸업식에 졸업장을 받을 수 없다니, 그게 무슨 날벼락 같은 소리인가 말이다. 집사님께 아들이 졸업할 수 있도록 방도를 취할 것을 요구했다. 그리고 하나님께 내가 고작 할 수 있는 것은 금식하는 것 외에 무슨 일을 더 할 수 있겠는가.

부모들은 자녀가 먹지 못할 때 제일 안쓰러워한다. 기도원으로 가서 해결이 될 때까지 안 먹기로 했다.

도대체 이게 웬 망신이란 말인가. 하나님께 구체적인 응답을 받고 친척들한테 손가락질 받아가면서까지 보냈던 유학이었는데, 이대로 쥐구멍에라도 들어가라면 들어가고 싶은 심정이었다. 부도를 당한 것보다도 집을 날려 먹은 것보다도 상실감이 더 컸다.

하나님께 망신, 국가적인 망신, 가문의 망신을 다 시키고 어떻게 하면 좋을지 죽고 싶은 심정이었다. 기도 외에는 이런 유가 나간 것이 없도다 하셨던 말씀 붙들고 기도를 간절히 했었다.

'주님, 한 번도 나를 실망시키신 적 없으신 줄 믿사오니. 주님, 수습할 수 있는 방법을 알려 주십시요. 이대로는 안 됩니다.' 그렇게 한없이 울고 또 울고 있을 때 한 통의 전화가 왔다. 중국에서 온 전화였다. 받을까 말까 망설이다가 받아본 즉, 아들의 목소리가 들렸다.

"엄마, 두 과목 재시험에 합격되면 졸업장 줄 수 있대요. 열심히 해서 꼭 졸업할게요."

"응, 그래, 알았다. 난 널 믿는다."

말이 끝나기가 무섭게 전화를 끊고 통곡하며 울었다.

'열심히 할게요.' 하는 애절한 아들의 음성에 가슴이 메일 듯 아파왔다.

'하나님, 저는 그래도 그런 제 아들이 사랑스러워요! 다른 사람들이 내 아들에게 손가락질 한다고 해도, 하나님의 마음을 아프게 했어도, 나의 가문에 부끄러움을 줬어도, 국가에 영향을 미쳤더라도, 난 내 아들이 사랑스러운 걸 어떻게 합니까? 하나님, 잘못이 있다면 저를 꾸짖어 주세요.' 하면서 또 울고 있는데 누군가 내 어깨를 감싸 안는 것 같더니 잔잔한 음성이 들려왔다.

'사랑하는 내 딸아, 내가 너를 사랑한다. 네가 너의 아들을 그렇게 감싸 안고 있는 것처럼, 다른 사람들이 던지는 돌팔매질을 아들을 위해 맞으며 참고 있듯이 내가 너를 위해 그렇게 보호하고 있단다. 너는 두려워 하지도 말고, 부

끄러워 하지도 말라. 너는 나만 바라볼 지어다.'

어떤 말이 필요가 있겠습니까. 저는 그 날로 금식을 접고 집으로 돌아가 남편에게 아들을 데리고 오라고 부탁했다. 며칠간은 아들이 상처 받지 않도록 여행하면서 마음을 정리시키고 데리고 들어오라고 설득했다.

물론 불행 중 다행으로 재시험에는 합격하여 아슬아슬하게 졸업은 했지만, 그래도 한국에 와서 적응하려고 애쓰는 아들이 안쓰럽게만 느껴졌다.

아들의 문제로 심장 떨리는 순간들을 보내는 동안, 한 쪽에서 딸 아이는 어느덧, 정상의 궤도에 서서 자신의 일을 잘 파도타기 처럼 경험하며 즐기고 있었다.

다섯 살 때부터 무용을 하면서 동아콩쿠르 나가는 것이 목표였는데, 어려운 가운데서도 동아콩쿠르에서 금상을 받게 하셨다.

딸 아이의 금상은 우리 가족에게는 너무나도 가혹하리만큼 혹독한 싸움의 대가로 이루어진 영광의 매달이었다.

동아콩쿠르를 나갈 무렵 남편의 사업은 부도위기에 있어서 금식하며 기도하고 있었던 중이었다. 당연히 딸 아이가 콩쿠르에 나가는 것을 포기해야만 할 지경이었다. 딸이 5살 때부터 기도한 것에 대한 응답이 떨어진 것인데도 불구하고, 또 학교에서 은주에게 콩쿠르를 나갈 수 있는 기회를 주셨음에도 불구하고 나갈 수 없는 형편이 되었다.

딸 아이는 그러한 형편을 알고는 밤새 고민하며 울다지쳐 잠이 들더니 아침에 급기야 눈이 퉁퉁 붓고 열이 펄펄 나는 것이었다.

어떻게 해야 하나 방도가 생각이 나지 않았다. 기도하고 있는데 때마침 임항재 목사님과 교우들이 1박2일 남한산성 수련회를 간다고 했던 일이 생각나서 우리 가족은 죽으면 죽으리라는 각오하에 따라 나서기로 했다.

가능하면 딸 아이 콩쿠르 나갈 수 있도록 스폰서도 구해볼 작정이었다. 그러는 가운데 목사님과 교우들의 따뜻한 용기와 기도 덕분에 1박2일을 잘 견디고 마지막으로 시골 외삼촌 댁에 바람이라도 쐬러 가자고 시골 친정집으로 차를 돌렸다.

모처럼 친정 오빠가 집에 있었고 오랫만에 이야기를 나누다가 딸 아이에 대한 사정과 고민을 털어 놓게 되었다. 그런데 놀랍게도 하나님께서 오빠에게 감동을 주셔서 콩쿠르를 나가는데 준비할 수 있도록 여건을 허락해 주셨다.

그렇게 해서 콩쿠르를 은혜 가운데 준비하여 1차 예선에 합격이 되었고, 일주일 후에 본선에 진출할 수 있는 기회를 얻게 되었다.

그런데 공교롭게도 본선 진출을 위해 연습하던 중 심각한 일이 벌어졌다.

일주일 시간을 남겨놓고 딸 아이 어깨에 담이 들어 숨도 제대로 못 쉬는 상태가 되었던 것이다. 초긴장 상태로 병원에서 몇가지 검사도 받고 좋다는 것을 다해 봤어도 차도가 없었다. 그렇게 3일을 보냈다. 병원에서는 포기해야 한다고 했다.

절대적으로 시간이 해결해 주지 그리 쉽게 나을 수 있는 것이 아니라 한다. 딸 아이는 억누르는 감정을 삭히지 못하고 이내 눈물만 뚝뚝 흘리고 있었다.

우리 형편으로는 포기할 수 밖에 없는 사정에서 참으로 불안하기 짝이 없었다. 마지막 남은 카드는 기도 외에 방법이 없었다. 이런 유가 나간 것이 없다고 하신 말씀에 의지하여 밤새 기도하면서 찜질하며 소주에 지네를 갈아서 반 컵씩 먹여 보기도 했다.

아마도 그 때 딸 아이는 태어나서 처음으로 술을 먹어

보았을 거다. 그런데 아빠 닮아서 그런지 생전 처음 먹어보는 소주에도 취하지 않는 것이었다. 피는 물보다 진하다고 하는 그 말이 떠올라 웃음이 났다.

그러던 중 중요한 것은 하나님은 절대 손해만 보시지 않으시는 분이라는 것을 깨달았다.

하나님을 기억해야 하는데 자꾸 콩쿠르를 나가는 것에만 신경을 곤두세우고 있었던 것이다. 그래서 기도하며 하나님 앞에 나아갔더니 대회 나가기 3일 전에 언제 그랬냐는 듯 치료해 주셔서 3일 연습 후에 본선에 진출하게 되었던 것이다.

이러한 급박했던 사연들을 뛰어 넘어 우리 가족 모두를 승리하게 하시고, 우리 가족을 통해 하나님께서 영광을 받으시려고 하나님을 기억하게 하셨던 것이다.

당할 때는 왜 그랬는지 알 수 없었지만 지나고 나면 우리가 꼭 필요한 것이기에 거쳐가게 하신 것들을 보면서 모든 행사에 하나님의 뜻이 있음을 다시 한 번 깨닫게 되었다.

사랑하는 딸에게 이런 기회를 주신 서영님 교장선생님께도 더불어 감사드린다.

끊임없이 인생의 파도타기로 이끌어 주시고 가족 모두에게 목표를 이룰 수 있도록 승리감을 주신 하나님께 날마다 나의 삶을 산 제사로 드린다.

하나님께서는 한 번도 나를 실망 시키신 적 없으셨고, 하나님의 응답이 한 번도 내게 이루어지지 않은 것이 없었다.

딸 아이의 대학 입시로도 고민이 되었다. 딸 아이의 목표는 앞으로 한국예술종합학교 입학하는 것이 1차 목표이고, 더 나아가서 국립무용단에 들어가는 것이 딸 아이의 꿈이다. 그래서 무용을 통해 많은 사람들에게 감동을 주며 하나님께 영광을 돌려드리려 한다. 어려운 환경에도 불구하고 믿음으로 승리로 이끌어 주실 하나님을 기대한다.

올해까지는 누나를 위해 양보하고, 내년부터는 아들을 위해 새롭게 도와주리라고 생각을 하면서 아들은 검정고시 준비에 열중하고 있다.

이렇듯 잠시 지나가는 상황이었지만 한 쪽만 생각하면 죽을 것 같고 남은 한 쪽을 바라보면 희망과 소망이 생겨나는 것 같아 죽음과 부활을 동시에 경험하게 하는 파도타기의 위력을 경험해 본다.

한 쪽에서 슬프면 한 쪽은 반드시 기쁨이 있다는 것을

기억하기 바란다.

선하시고 온전하신 하나님의 뜻은 늘 공평하시다.

~~~ 고린도전서 4장 1-2절 ~~~
사람이 마땅히 우리를 그리스도의 일꾼이요.
하나님의 비밀을 맡은 자로 여길찌어다.
그리고 맡은 자들에게 구할 것은 충성이니라.

일곱 번째 파도타기

- 교회사역 (항아리) -

　의인은 없나니 한 사람도 없는 것처럼, 사역자들도 인간
의 한계 기준 안에서 바라봐야지, 개인의 이상에 필요한대
로 신의 기준에 맞춰 생각하다보면 실망스럽고 실족하기
쉽다.

　대부분 아버지에 대한 왜곡된 감정들이 남편에게로 전달
되며 남편에게서도 채우지 못하는 감정일 때는 또 다시 목

회자들에게로 방향을 바꿔가며 이상의 한계를 극복하려고 한다. 나 또한 예외는 아니었다.

목사님의 인격은 적어도 이 정도는 되어있어야지 하는 자신들의 가치 기준이 있다. 이상을 세워놓고 남편에게도 자신 스스로도 실천할 수 없는 꿈과 환상을 가지고 목회자들을 통해 이루어 보려고 애쓰며 신앙 생활을 하려한다.

목사님들은 내 남편에게 드러나는 습관, 원치 않는 행동을 나타내 보이지 않으니까 이상적이다라고 생각하게 된다. 영원한 내 남편이 될 수 없는 이상적인 목사님을 대리 만족 하려는데 열심을 다한다. 구령에 대한 관심보다는 목사님께 칭찬 받고 관심 받고자 하는데 의를 둔다. 그렇게 목사님께 잘 하다가도 목사님의 관심이 떨어져 보이는 것 같으면 냉정하게 돌아서는 것이 성도들이다. 그러다 보니 목사님들도 입바른 칭찬을 많이 하게 된다.

성도들은 그러한 목사님이 너무 좋다. 내 남편 자랑보다 나를 알아주는 우리 목사님 자랑이 더 많고, 내 남편은 아무리 잘 해줘도 남편일 뿐이고 자신을 알아주지 않는 남편은 이상이 아닌 것 같다. 어느 정도 아이들 키워놓고 생활도 안정이 되면 지금까지 먹을 것 입을 것 줄여가며 발 빠

진실을 말하게 하소서

르게 살아왔던 지난 날들이 허무하게 생각 된다.

인정받고 싶은데 눈치 없는 남편들은 생각이 없다. 맨 처음 인간을 사랑하셔서 하나님께서 계획하시고 아담을 먼저 만드셨다. 독처하는 것이 보시기에 심히 안 좋아 보이셔서 아담을 잠 재우시고 아담의 갈비뼈를 취하여 하와를 만드셨다. 아담이 눈을 뜨고 첫눈에 꽂힌 그 여자가 심히 아름다와 보이므로 여자를 보고 하는 말, '내 뼈 중에 뼈요, 살 중에 살이라.'

남성들이여 기억하십시오. 여자의 최초의 고향은 남편의 날개 그늘인 갈비뼈 옆구리라는 걸요. 여자는 그 사랑에 묻혀 쉬기를 원하는 겁니다. 어쩌자고 남들만큼 인정해 주지는 못할 망정 작은 마음 하나 알아주지 못하고 모든 것을 당연시 생각하십니까. 이제 아내들은 남편과의 동거도 식상화되어 가고 있다.

남성들이여 최초 아담으로 돌아가 뼈 중에 뼈요, 살 중에 살인 아내들을 당신들의 갈비뼈 날개 아래 품어주고 하루 하루 쉼을 얻을 수 있게 도와주십시오. 나의 사랑을 다른 자에게 빼앗기지 않도록 책임과 의무를 다해주시길 간절히 부탁드린다. 아내가 방황하고 있다. 어디로 갈 것인가. 아내들은 도피처를 생각한다.

그래서 과감하게 노출을 두려워하지 않는 아내들은 세상 밖으로 나아가 자신이 하고 싶은 일, 자신이 원하던 그것을 과감하게 시도해 본다.

성적 욕구를 지향하고 있는 사람은 나이를 상관하지 않고, 자식 같은 젊은 청소년들에게 까지 유혹의 손을 뻗쳐 서로 간에 필요에 의한 교환(돈, 성)으로 욕구를 만족하려 한다.

소극적이면서 이목을 생각하는 사람들은 종교에 빠질 수 있다. 목사님과 지역장, 구역장한테 잘하면 칭찬받고, 인정 받아 직분주고, 한 목소리 하게 되면 살아있는 충만감을 스스로 느껴 보면서 자기 만족에 빠져 그것이 마치 성령 충만이라고 생각하게 된다. 성도 교제 차원에서도 보면 신앙 생활이 아니라 어느 모임이나 단체활동으로서 교회 생활을 하는 것이 드러나 보일 때도 있다.

심방전도사의 직분을 맡아 교회 사역을 나가게 되었는데 도대체 감당이 안 되었다. 교회를 갔던 곳마다 유감스럽게도 교회마다 목사님들의 특색이 드러나 있었다. 그것의 내용은 구체적으로 쓰진 않겠다.

교회 사역을 하다보니까 속속들이 드러나는 문제가 장난이 아니었다. 성도들 뿐아니라 목회자도 직업병으로 식상화되어 가고 있었다. 인기 작전으로 동료 사역자들을 이간질하고, 미워하고, 시기하고, 질투하며 소를 희생하여 대를 채우려고 하는데 자신의 욕심대로 목적을 가지고 교회를 이끌어 가는 경우가 더러 있었다. 몇몇 목사님들의 잘못된 가치관이 교회 속에서 성도들을 오염시키고 있었다.

목사님들은 성도들이 무지하니까 목회 철학, 목회 방향대로 성도들을 묶어 놓고 종노릇하게 한다. 참으로 안타까운 현실이 아닐 수가 없었다.

위의 것을 사모하고 위의 것을 찾아야 하는데 위의 것은 목사님 것이고 목사님으로부터 흘러 나오는 복을 받으려고 성도들끼리 시기의 대상으로 실랑이 하며 서로 목사님께 잘 보이려고 경쟁하면서 복을 받고자 한다.

영혼에 관심을 두어야 할 곳에서 활동 범위를 넓히는데만 관심을 갖고 확대하고 교회 신축에 비중을 더 크게 두고 있었다. 그래서 큰 교회 목사, 작은 교회 목사로 나눠서 불려지고 서로 경쟁하는 가운데 하나님의 일을 이루려한다. 그러나 감히 정죄할 수 없는 것은 사도바울의 고백처럼 무슨 방도로 하든지 그리스도를 나타내려 한다는 것을 잊지 말아야 하겠다.

국가적으로도 마찬가지다. 큰 기업이나 큰 교회는 대책없이 잘 도와준다. 물론 인맥이나 연줄이 있는 관계로 그럴 수도 있겠지만, 좀 더 국가적인 차원에서 국민들을 바라 본다면 누구를 어떻게 도와줘야 하는지에 대한 것을 세밀한 검토와 구체적인 관심 속에서 현실적으로 도와줬으면 하는 바람이 있다.

큰 기업이나 큰 교회는 그냥 있어도 잘 돌아간다. 국가나 정부에서 관심을 둬야 할 곳은 크게 드러나 있는 곳이 아니라 큰 기업이나 큰 교회를 뒷받침하고 있는 곳. 말하자면 크게 드러나 있지는 않지만 구멍난 물꼬를 틀어 막고 있는 곳. 작고 안 보이는 것 같지만 필요에 의해 일하고 있는 곳. 그 곳으로 눈을 돌려 줬으면 좋겠다는 생각이 간절히 든다.

체계가 있는 곳 그 곳은 누구 한 사람이 빠져나와도 구성원의 힘으로 굴러간다. 작고 협소한 곳, 그 곳은 누구든 간에 가기를 원하지 않는다. 희생이 요구되며 수고와 헌신과 대가가 있고 십자가의 고통이 따르는 곳이다.

교회를 몇 군데 옮겨 다니며 크고 작은 교회의 사역을 경험해 보면서 사역의 한계를 느껴보았다. 아픔을 겪고 있는 많은 사람들을 보게 되었다. 쓸쓸한 곳, 그 곳에는 38년 된 나병환자도 있었고, 자신이 알지 못하는 고통을 겪으며 소리 한 번 제대로 질러보지 못하고 동여 매인 채로 살고 있는 사람도 보았다. 왜 그러고 살아야 하는지도 알지 못한 채 불행하게도 죽지 못해 살고 있다고 하면서 도움을 요청하는 분들도 계셨다.

도대체 그들에게 예배가 무엇이란 말인가. 그들에게 바라고 원하는 것이 무엇이관데 형식만 갖춰서 하나님의 말씀만 전해주고 예배만 드려주면 되는 것인가. 그들이 원하는 것은 예배만 드려주는 것이 다가 아니다. 그들의 필요는 매여 있는 곳에서 부터 자유하길 원하고 있다는 것이다.

그러나 많은 교역자들이 그들의 소리를 잘 들어주지 못하고 일방적인 접근으로 예배만 충실히 드려주는 것으로 임무를 완성했다고 생각한다.

주님은 우리의 연약함을 보셨고 안타깝게 생각하셔서 나사로의 동여 매인 베옷을 풀어주라 명하셨던 것 처럼 그렇게 교역자들을 통해 하나님의 일하시길 원하신다. 지금도 하나님은 말씀하시고 계시다. 동여 매인 베옷을 풀어 주라고......

저는 사람들에게 이렇게 질문해 봅니다.

믿음이 뭐라고 생각하시나요? 구원이 어떤것입니까? 그러나 뜻밖에도 권사, 장로, 집사, 직분의 사람들도 우물쭈물한다. 자신의 신앙고백이 없는 것을 봅니다. 하나님과 직접 관계하고 있지 않다는 증거가 됩니다. 어떤 분은 추상적인 대답으로 답변한다.

'예수님이 우리의 죄를 위해 십자가에 대신 돌아가셔서, 그것을 믿으면 구원을 얻는다고 하셨고 그것을 믿고 있다.' 고 한다.

예, 그것도 맞는 말씀입니다. 그러나 주문 외우듯이 생각 속에서 기억하는 말, 형식적인 어투는 경건한 모양은 있는 것 같지만, 그의 구원에 대한 능력을 믿고 있다는 것에 대해서는 조금 의심스러운 부분도 없지 않아 있다고 보여진다.

성경은 하나님의 감동으로 된 것이다.

교훈과 책망과 바르게 함과 의로 교육하기에 유익하다고 하신 말씀, 누구나 알고 있는 말씀일 겁니다.

하나님의 감동으로 쓴 성경은 마음으로 믿어지는 것이다. 마음으로 믿어지면 반드시 그 말씀이 살아서 내 뱃속에서부터 흘러 넘쳐 나와 '사랑이 허다한 죄를 덮는다'는 표현처럼 지면을 덮고, 그 사랑이 지면을 덮게 되면 하나님의 의에 이르게 되는 것이다. 하나님의 의로움이 시키지 않아도 자발적인 힘에 의해 선도하게 되어진다는 것이다. 그렇게 하나님의 의를 행하다보면 어느새 새사람으로 변화되어 있고, 하나님의 선하시고 온전하신 뜻이 무엇인지 분별하게 된다.

분별할 수 있느냐는 그렇게 변화되게 하신 것을 드러낸 증거들이라고 하는데 그러한 것이 표현된 것, 밖으로 나타나게 된 것, 그것이 무엇이냐.

남도 인정하고 나도 인정할만한 것, 내 안에서 변화되게 하신 것, 그것을 하나님이 내게 하신 일들을 입으로 시인하게 되면(많은 사람들 앞에 하나님의 역사하심을 인정해 드리는 것), 이루어진 사건들을 간증하게 되면 구원에 이른다고 말씀하셨다.

'너희가 나를 시인하면 하나님 앞에서 나도 너희를 시인하리라.'

인정해 주신다고 하셨다. 그런데 인정 받을만한 것이 무엇이냐. 믿음이 없이는 하나님을 기쁘시게 못 하나니, 하나님을 기쁘시게 하는 것이 무엇인가 하나님을 간증하는 것. 하나님께서 내 인생에 개입하셔서 뜻을 이루어 주셨던 것. 그것을 간증함으로서 공인 앞에 하나님을 인정해 드리는 것이다.

'믿으시면 아멘 하시고, 하나님의 뜻이 하늘에서 이루어진 것처럼 구원을 사모하며, 이 책을 읽으시는 모든 분들과 아멘 하시는 모든 입술 위에도 하나님의 뜻이 이루어지게 하옵소서.'

교회사역을 하는 동안 딸 아이 뒷바라지 하느라 피치 못할 사정에 의해 그만 두기도 했었지만 머물러 왔던 교회마다 어려웠던 부분들이 있었다.

하필이면 나 같이 까다로운 사람에게 목사님들의 허점이 이 드러날게 무언가. 목사님들도 인간이니까 실수가 있고 눈 감아 주길 원하지만 이 기회를 통해 말하고 싶다. 목회는 사명이고 봉사이지 직업은 아니다.

이렇게 말하고 있는 나는 누구인가? 나도 내 자신을 알고 싶었다. 하나님께서는 비유로 우리에게 말씀하실 때 질

그릇이라고 표현을 하신다. 그렇다면 나는 어떠한 그릇으로 빚어 놓으셨는지 하나님이 나를 향하신 비전을 보고 싶었다.

'진흙 같은 날 빚으사 새롭게 하여 주옵소서.'

과연 하나님의 뜻이, 내 안에서 원하시는 것이 무엇인가 진심으로 승복하길 원했다.

'아버지여, 말씀하여 주시옵소서!' 간절히 간구했다. 그러나 하나님의 감동의 말씀은 없으셨다.

'주님, 주님의 뜻을 깨닫고 순종하겠습니다. 나의 미련함과 교만함으로 깨닫지 못하고, 나의 눈에 들보는 안 보이고 남의 눈에 티만 보이니, 이러한 나를 불쌍히 여겨주셔서 나를 보게 해 주시기를 원하나이다.'

한참을 간구하고 있는데 갑자기 내 눈 앞에 크고 시커멓게 생긴 어른 허리만큼 차 보이는 항아리 하나를 보여주셨다.

'주님! 도대체 저 항아리가 나와 무슨 상관이란 말입니까! 저하고 무슨 상관이 있으시다고 시커멓고 못 생긴 항아리를 보여주십니까? 항아리는 사람들에게 인기도 없고, 친숙하지도 않습니다. 혹시 저를 항아리로 빚으신 건 아니시겠죠?' 인정하고 싶지 않아 나는 계속 의문의 간구만 올려드렸다.

그러나 특별한 변화는 없었고 그저 내 눈 앞에 항아리가 진짜 놓여 있는 것 처럼 선명하게 보일 뿐이었다. 난 하나님께 자신을 인정할 수 밖에 없었다.

'기왕이면 인기가 많고, 사람들에게 사랑받고 늘 즐겨 찾는 커피 잔으로 만드시지, 하필이면 그렇게 거칠고 험하게 생긴 항아리로 지으셨단 말입니까?'

그러고나니까 주님께서 바로 응답하시는 음성이 '항아리의 역할이 무엇이라고 생각하느냐?' 하시는 것 같았다. '쌀독, 물항아리, 고추장독, 된장독, 소금독 등' 그러고 보니 사람들이 필요한 모든 것을 담을 수 있는 것이 항아리였다.

너무나 놀라운 사실을 발견하게 해주시고, 물이 포도주가 되게 하시는 능력의 역사가 물 항아리를 통해 이루어지게 하셨다는 것을 연달아 깨닫게 하셨다.

'주님! 그럼 저는 어떻게 해야 하나요?' 반문해보니 하나님께서는 '내가 너에게 필요로 하는 것은 믿음을 가지고 물만 채워 놓으면 된다.'는 것이었다.

그렇게 되면 너를 통해 많은 사람들이 필요를 채워가는

하나님의 역사들을 보게 될 것이다. '커피물 끓일 때, 김치 담글 때, 국 끓일 때, 밥물 부을 때, 목 마를 때, 포도주 담글 때 등.' 얼마나 많은 사람들이 너를 필요로 하는지 모른단다.

하나님 저를 사용하여 주시니 정말 감사합니다. 그런데 주님! 너무 힘들것 같아요.

'수고하고 무거운 짐 진 자들아. 다 내게로 오라. 내가 너희를 쉬게 하리라. 결코 나와 함께 하는 멍에는 쉽고, 어렵지 않단다. 물이 포도주가 되게 하는 힘은 내게 있는 것이다. 인간의 변화를 줄 수 있는 것도 내게 있는 것이다. 너는 아무것도 염려하지 말고 모든 일에 기도와 간구로 너희 구할 것들을 감사함으로 하나님께 아뢰라. 그리하면 지각이 뛰어난 하나님의 평강이 너희 마음과 생각을 지켜주리라.'

'아멘.'

정말로 하나님의 뜻은 우리와 너무나도 다르게 우리를 위해 계획하시고 하나님의 뜻을 이루시어 가시는 것을 보게 하셨다.

여덟 번째 파도타기
- 이혼 -

남편이 보증권 때문에 블랙 리스트에 올려져 있었다. 자신의 이름으로 할 수 없기 때문에 내 이름을 빌려 더불어 살아가고 있었다. 아니 이름 뿐 아니라 나의 전 생애를 들여 그에게 바쳤다고 해도 과언이 아니었다.

남편의 요구가 이제 신용회복을 위해서라도 이혼을 해야겠다고 한다. 어이없게도 15년을 이혼만은 안 된다고 고집해 왔었는데 참으로 속상한 일이 아닐 수 없었다.

차압이 들어오고 빚쟁이들에게 괴롭힘을 당해 왔어도 견뎠었는데 이제 와서 이혼이라니, 웬수 같은 남편. 이 땅에 태어나 살면서 믿지 않는 비신앙인들도 하지 말아야 할 일들을 나를 통해 하게 하다니, 이제 이혼까지 해 달라고 하네요. 마지막 한 줄기 그가 남편임을 인정하던 끈마저 놓아 버리면 나는 늦게서야 고무신 거꾸로 신고 달아나 버릴 것 같다는 생각이 들었다. 나 자신에게 조금은 불안했다. 나 자신을 정말 믿을 수가 없을 것 같다는 생각이 들었다. 그러나 이혼마저도 포기해야 한다면 어쩔 수가 없지 않겠는가 싶었다.

인생의 파도타기, 두려움은 이제 나를 완전히 승복시켰다.

다시는 경험할 수 없는 상황들 속에서도 하나님의 계획들은 나를 통해 이루어지게 하셨다. 상담소를 개설하고 2달만에 이유가 어찌 되었든지 이혼을 하게 되었다.

심란한 가운데 있는 상황에서도 상담은 줄을 이었다. 그중에서도 하나님께 더욱 감사한 것은, 이혼을 당해 어려움을 겪고 계신 분들을 예비해 놓으시고, 상담하게 하셔서 그가 겪고 있었던 죄책감, 낮은 자존감, 패배감들을 고쳐주셨다.

내담자 한 분은 이제 자유한 몸이 되어 우리 상담소에서 상담 일을 돕고 계신다.

이렇듯 하나님은 환경을 보시는 것이 아니라 한 영혼 한 영혼에게 집중되어 계시다는 것을 또 한 번의 파도타기 경험을 통해 느껴본다.

~~~ 디모데후서 4장 5절 ~~~
그러나 너는 모든 일에 근신하여 고난을 받으며
전도인의 일을 하며 네 직무를 다하라.

아홉 번째 파도타기
- 상담소 개설 -

주님께서 내게 복 주신다 하시네. 나더러 또 한 번 더 죽으라고 하시네. 내 이웃을 내 몸과 같이 사랑하라 하시고, 남편 위해 죽으라고 하시더니, 순종하고 나니까 공인을 위해 또 한 번 더 죽으라고 하시네.

'어쩌자고 아무 것도 아니고, 아무것도 없는 비천한 몸을 그 어려움 가운데 성폭력 상담소를 개설하게 하시고, 공인으로 또 한 번 더 죽으라고 하시나요? 누구보다도 나의 사정과 형편이 어려운 것을 아시고, 명예나 돈을 추구하는 내가 아닌 것을 우리 주님 더 잘 알고 계실 터인데, 남편이 친구 보증을 서 주는 바람에 이름까지 빌려준 채 죽은 듯이 살아 왔건만, 겁도 많고 눈물도 많은 당신의 한많은 이 자식을 어쩌자고 복 주신다 하시고 어려운 가운데서 또 죽으라 하시나요 인생살이 고비고비 목숨걸고 살아왔건만,

아직도 넘실대는 파도 처럼 죽음의 계곡에선 나를 삼켜 버리려고 출렁이고 있건만, 주님 어찌하면 좋다는 말씀입니까?'

소리 질러 통곡하니 내 주님 말씀하시길.

'너는 내 말을 붙들어라!' 하신다.

이스라엘 백성들이 광야에서 옛적 일을 그리워하며 모세에게 불평할 때 많은 백성들이 놋뱀에게 물려 죽었다. 그리고 놋뱀을 장대 위에 달아놓고 그것을 쳐다보는 자는 살 것이라 했었다. 그것은 십자가를 바라보라는 뜻이고 그 십자가는 주님을 뜻하고 있는 것이다.

이처럼 오늘 날에도 죄 가운데 빠져있는 내 백성들을 위해 너를 8층에 매달아 놓았다. 내 백성이 구원받기를 원한다.

「최석규 성폭력 상담소」를 바라보는 자는 살 것이다.

너는 나의 도구이고, 놋뱀도 나의 도구였다.

너는 아무것도 두려워하지 말고 모든 행사를 주께 맡겨라. 그리고, 주만 바라볼지라.

너의 가는 길이 평탄하게 될 것이다.

정말로 세미한 음성 가운데 일하게 하시고, 고비고비 하나님의 뜻이 이루어지게 하시는 역사가, 상담소를 찾으시는 모든 분들을 단시간에 치료와 회복이 있게 하신 것에 대하여 진심으로 감사드린다.

~~~ 마태복음 18장 35절 ~~~
너희가 각각 중심으로 형제를 용서하지 아니하면
내 천부께서도 너희에게 이와 같이 하시리라.
~~~ 히브리서 11장 1-3절 ~~~
믿음은 바라는 것들의 실상이요
보지 못하는 것들의 증거니 선진들이 이로써 증거를 얻었느니라 믿음으로
지어진 줄을 우리가 아나니
보이는 것은 나타난 것으로 말미암아 된 것이 아니니라.

열 번째 파도타기

- 환상을 깨어라 내가 가진 것이 진짜이고 복된 것이다 -

나의 삶은 이렇듯 우여곡절 끝에 두려움의 계곡들을 지나 파도타기 인생을 제련하면서 그가 주시는 생명의 끈을 붙잡고 달려왔다.

많은 사람들이 저에게 이렇게 묻는다.

'내가 지금 어디쯤 가고 있는 겁니까! 얼마나 더 가면 되겠습니까! 행복하고 싶습니다. 쉬어가도 될까요!'

조길순 선교사님이 생각이 난다.

1997년 이었던가? 온누리 교회 안에서 가정사역 기초반에서 들어가 상담을 처음 배우게 되었을 때 나의 몸과 마음은 몹시 지쳐 있었다.

조길순 선교사님과 상담을 접수 받기 전에 면접이 있었는데 첫 면접에서 선교사님과 불쾌한 감정이 있었다.

뒤 늦게 알게 되었지만 나의 열등감 때문이었다. 상담공부 첫 시간 찬양을 인도하시던 선교사님. 지금도 잊혀지지 않는 것은 '내 안에 사는 이, 예수 그리스도니 나의 죽음도 유익함이라.' 그 분 안에 하나님의 영이 흐르고 있음을 느꼈다.

나보다도 훨씬 작은 키에 그 분보다 더 큰 나를 품에 안으시며 부드러운 한마디로 "쉬어가세요." 말씀하셨다.

그 한 마디가 상담공부 하면서 나의 지친 몸과 마음을 쉬어가라는 하나님의 음성으로 들려왔다. 그리고 그 곳에서 자유로워지기를 원하셨다. 이 곳은 내게 안전하다고 말씀하시고 나를 해할 수 있는 것은 아무것도 없다고 쉬어가기를 원하셨다.

상담을 배우는 동안 난 정말로 쉬어왔다.

2년 후 수료할 때도 저를 역시 감싸 안으시고 이렇게 말씀하셨다.

"크게 쓰실 겁니다."

난 그 말을 오랫동안 붙들고 기억하며 살아왔다.

하나님께서는 우리에게 무거운 짐을 질 것을 요구하지 않으셨다. 왜 그토록 삶을 무겁게만 느끼며 살아왔던가 생각해 보니 모든 인간 관계는 상대적 원리에 의해 살아가게 되어 있다.

사랑 안에는 축이 없다. 건강하지 않은 상대를 만나면 항상 한쪽에서만 일방적이 되어 간다. 누가 해 달라고 한 것도 아닌데 그냥 사랑하니까 해 주고 싶어서 대신 도와 준 거라고 생각하고 살아왔었는데, 삶의 무게가 더욱 커지면 커질수록 축이 없다보니 무게가 한 쪽으로만 치우치게 되고 그러다 보니 한 쪽만 힘들어지고 다른 한 쪽은 그러한 감정을 전혀 느끼지 못하고 살아가고 있게 된다. 그러나보니 한 쪽의 삶은 지치고 피곤해 질 수 밖에 없다.

생활습관이란 것이 이토록 삶을 주장하게 되는지 몰랐다. 한 쪽에서는 계속 지치다 보니 한 쪽에게 변화를 요구하게 된다. 그런데 다른 한 쪽에서는 그렇게 굳어져 살다보니 현재 습관이 익숙해져 있고, 익숙해져 있는 한 쪽은 그 삶이 평안하니까 바꾸기 싫어한다.

나의 남편과의 관계에서도 그렇다. 시댁 쪽의 습관에 맞추어 살아야 한다고 늘 친정 아버지께 들은 이야기가 있어 그렇게 맞춰 살기에는 무리가 없었다. 그러나 내용 속에서도 흘러 나왔지만 인생 우여곡절을 다 겪어 가면서까지 난 나의 것을 주장하지 못하고 그저 빼앗기며 살아왔다고 해도 무리가 안 될 만큼의 피해의식을 느끼며 살았다.

그렇게 살다보니 지렁이도 밟으면 꿈틀한다고 최선을 다해 살아온 나는 할 말이 있었다. 이제 더 이상의 희생은 나 자신과 남편 모두에게 불필요함을 느꼈다.

모르면 당하고, 당하면 억울하지만 알고 났는데도 그것을 이겨낼 힘이 없었다. 환경이 벌어지면 어쩔 수 없는 상황에서 당하고, 기다리고, 참아주고 이러한 일들을 계속해서 반복적으로 한 쪽에서는 저지르고 또 다른 한 쪽에서는 일방적으로 당하는 쪽으로 삶의 패턴을 유지해왔다.

그런데 한 쪽에서 힘이 생겼다. 나도 이렇게 사는 것이 내가 사랑하는 사람들을 위한 삶이 아니었다는 사실을 알았고 내 스스로 설 수 있는 힘을 갖게 되었다.

그런데 상대방은 인정이 안 된다는 것이다.

내가 상대방을 위해서 모든 환경을 막아주고 피투성이가 되도록 헌신하고 있었을 때, 그 때가 좋았다며 자신을 위해 죽어 있을 때 나를 밟고 자신이 마구 휘두르며 살았던 그 때로 계속 있어 달라는 것이다.

상대방은 아니라고 하고 있는데도 그는 뜻을 굽히지 않는다. 한 쪽의 인격을 인정해 주지 않으려는 자신의 의지로 상대방의 간곡한 소리에도 귀를 기울여 주질 않았다.

계속 자신을 포기하지 않겠다는 것이다. 한 쪽 귀가 그를 막아 놓고 있는 것이다. 가정에서 복의 통로를 깨고 있는 셈이다.

그래서 어느 한 쪽이 이러한 습관에 고착이 되면 자신도 모르는 사이 자기만이 원하는 것(이기심), 죄의 뿌리가 올라와서 엉겅퀴를 내고 가족들에게 상처를 주고 상대방의 인격에 올가미를 씌워 놓고 상대방을 더이상 성장하지 못하도록 방해하는 상황이 되는 것이다.

자신만을 원하는 이기심의 죄가 올라와서 자신이 자리하고 있었던 곳에서 그 고착된 자리를 빼앗기지 않으려고 상대방과 힘겨루기를 하며 살아가게 된다. 자신의 자리가 아니면 상대방에게 되돌려줘야 하는 것이 당연한 것인데도 불구하고 그 동안 그 자리를 양보해 준 것만 해도 감사할 부분인데도 불구하고 그것을 인정하지 않으려고 한다. 그

것이 이기적인 강력한 요새들이다.

그러한 강력한 요새들이 그에게서 빼내어지기까지 주변의 많은 희생자들이 따르게 된다. 새롭게 바꿔지기 까지는 습관들일 때보다 인생 훈련의 배의 시간이 필요하다. 그것을 자신 스스로가 인정하고 하나님께 도움을 요청해야 한다.

자신 안에 있는 요새는 겉으로 드러나지 않는 것들이기 때문에 독성이 아주 강하다. 그 마음 안에서만 활동하는 요새는 자신도 모르고, 남도 모르고, 자신은 알고 있는데 남은 모르고, 자신은 모르고 있는데 남은 알고 있고, 나도 알고 남도 알고 있는 그것이다. 자신이 자신에 대하여 근본적으로 인정하지 않는 한 하나님도 도와주실 수 없는 부분이다.

그 마음 안에 있는 쓴 뿌리는 강력한 요새이다. 무서운 죄다.

하나님께서는 내가 너희 안에 너희가 내 안에 있기를 원하신다. 그러나 근본적으로 이기심에 더러운 죄가 마음 안에 있는 한 그는 하나님을 요청하지 않는다. 하나님도 자기중심적으로 생각하고 판단에 의해 믿는다.

이기적인 힘이 이미 상대방의 것을 잡고 있는 한 그것을 양보하지 않으려고 할 것이고, 아무 조건 없이 주기만 했던 사람은 계속 줘야만 한다는 것에 고갈이 된다.

인간은 한계가 있다. 언제까지 도와줄 수 있는 능력이 없다. 무한정 돕고 무한정 줄 수 있는 분은 하나님 한 분 뿐이라는 것이다. 그런데 죄가 많은 사람은 하나님 앞에 나아가질 못한다. 교회는 갈 수 있을지 몰라도 마음으로 열고 믿게 되는 것은 못 한다. 두려움 때문에 겉으로 보기에 좋아 보이나 그것은 진실이 아닐 수가 있다.

여기에서도 하나님을 발견해 봅시다. 우리가 하나님을 얼마나 듣기를 거부하고 있고 자기 것을 하나님 앞에 얼마나 많이 드리지 않고 있는지. 자신은 드리고 있다고 착각하고 있을 수 있다.

이미 습관에 맛 들여져 있는 이기적인 힘은 현실을 망각하고 있을 뿐아니라 감각조차 무뎌져 있어서 주위 사람들을 괴롭게 하는 것조차 느낄 수 없다. 이러한 사람은 주위에 사람들이 별로 없다. 그런 사람을 만나면 괜시리 피곤하고 도망가고 싶어진다.

가족과 이웃과 형제에게도 사랑을 긁어 먹는 암적인 존

재이다. 그것은 중독성이 아주 강하다. 그렇기 때문에 왜 그런지를 자신 스스로 발견하기는 어렵다. 안타까운 것은 그도 그가 그러한 줄을 알지 못한다는 점이다.

저는 이러한 질문으로 자주 묻습니다.

하나님께서 당신에 대해 어떻게 생각하고 계실 것 같습니까?

하나님께서는 나에게 이렇게 말씀하십니다.

'사랑하는 내 딸아! 십자가를 지고 있는 것이 너무도 힘들어 보이는구나. 사랑하는 자를 위해 지고 가는 십자가는 무서운 것이 아니라 무거운 것이다.'

그러나 죄는 무거운 것이 아니라 무서운 것이다.

그래서 그가 알지 못 하고 저지르는 그것들을 보면서 자신이 감당해야 할 몫이 무엇이냐는 것인데, 달란트 비유 : 하나님께서는 나에게 어떠한 일을 맡기셨는가? 어떤 사람이 무서운 죄를 저지르고 누군가에게 무겁게 지고 가도록 십자가를 지게하는 것. 그것이 곧 십자가이다.

죄는 미워하되 죄를 지을 수 밖에 없었던 그를 이해하고 용서하고 받아들여야 하는 것. 그것이 무겁게 지고 가야 할 자신의 십자가라는 것이다.

왜 그렇게 할 수 밖에 없었느냐를 따져보면 이해하지 못할 것 없다.

사랑하기 때문에, 가족이기 때문에 죄를 짓고 있는 것을 용납해야 하는 것, 나와 다른 너를 이해해야 하는 것, 얼마나 받아들이기가 어렵고 힘든 일이겠는가. 그럴 때 문제를 너의 탓으로 돌려버리면 얼마나 인생 살아가기가 쉽겠는가. 그래서 십자가는 무거운 것이다.

그러나 예수님께서도 죄인을 정죄하지는 않으셨다.

만약 예수님께서 네가 지은 죄는 너의 탓이야 하시면서 우리들의 죄를 대신하여 십자가를 져 주시지 않으셨다면 자신이 지은 죄를 자신이 감당하도록 내버려 두셨다면 이렇듯 구체적으로 드러나고 있는 죄 뿐만 아니라 내가 알지 못하고 저지른 죄, 마음 속에 숨겨져 있는 죄까지도 포함한 죄의 대가는 감당할 수 없었으리라 생각된다.

상대방의 죄성을 알고 용납하고 이해해줘야 하는 것은 내가 대신 십자가를 지고 죽음을 포함하여 자신의 것을 고집하지 않겠다는 것이며 자신의 것을 포기한다는 것이다. 나를 위해 십자가를 대신 지신 주님의 십자가를 생각하면서 주님이라면 어떻게 하셨을까를 고민하면서 이뤄내는 것만이 승리의 결과를 얻을 수 있다.

십자가를 자신이 대신 지고 헌신과 봉사하는 것은 그리스도와 함께 살아가고 있다는 증거이다.

그러나 이기적인 사람은 다르다. 이기적이란 자신만 알고, 자신만을 생각하며 모든 것이 자신이 주체가 되어 상대방을 좌지우지하려는 욕심이다. 이기적인 것은 자신의 힘이고, 고집이고, 자신의 쓴 뿌리가 고유하게 살아서 자신의 것이 최고의 능력이라고 생각하는 교만이다.

그러한 이기적인 에너지가 살아있는 한 상대가 보이지 않는다. 이기적인 자신 의가 살아서 자신의 것만을 주장하게 하고 상대를 절대 인정하지 않으려 한다.

남편과 관계 안에서도 이러한 힘겨루기로 인하여 삶이 지쳐 있을 때가 한두 번이 아니었다. 그가 알지 못하는 것 때문에 가족의 한 사람이 희생을 계속 당해야 한다면 또한 불공평한 일이 아니겠는가.

그러나 이럴 때 하나님이라면 어떻게 하셨을까를 반문해 본다.

하나님은 소경을 소경으로만 봐주신 것이 아니라 눈을 뜨게 하셨고, 소경을 인도해 주셨다. 소경은 소경일 수밖에 없음을 인정만 하고 계셨다면 누가 어떤 자격으로 구원 받을 수 있었겠는가 말이다.

우리 모두는 영적인 소경이요 불감증에 걸려 있는 환자들이다. 사랑하는 사람들을 영적으로 도와주지 않으면 그는 영원히 자신을 보지 못하게 되고, 그는 영원한 불구요, 앉은뱅이요, 귀머거리, 소경이 되는 것이다.

이러한 소자에게 물 한 그릇 대접한 자가 하늘에서 큰 복이 있다고 하지 않았던가.

나는 그러한 지긋지긋한 남편과 환경을 포기할 수 있었지만 하나님께서는 그러한 나를 포기하지 않으셨고 99.9%가 아닌 100% 정금 같이 쓰시기 위해 나를 연단하셨다.

하나님의 베스트셀러로 나를 택하사 끝까지 나를 참아주시고, 파도타기 마지막 단계까지 승리로 이끌어 주신 인도하신 하나님께 이 책을 바칩니다.

인생은 가야할 때가 있고 멈춰서야 할 때가 있다. 가야할 때 가야하고 멈춰서야 할 때 멈춰서야 되듯이 나는 이 때가 파도타기 경험 속에서 멈춰서고 있어야 할 때였으리라 생각이 된다.

내 이상과 판단이 주도하던 생각들이 어리석고, 무능하고, 답답하고, 속상하게 하는 것. 그가 그렇게 하면서도 내 앞에서 당당하게 사는 것을 보면 하나님 앞에서 나를 보게 됩니다.

죽거나 포기하는 것은 십자가 안에서만 이루어지는 사건이고, 그것을 통해 다른 사람을 살리려는데 목적이 있는 것임을 깨닫게 되었다. 십자가를 대신 지고 살았던 것은 하나님에 대한 나의 감사이고, 헌신이고, 봉사였다고 생각한다.

마음 속에 이기심이 살아 있는 한 십자가의 죽음을 경험해 보지 못한다.

나는 오늘도 마지막 단계의 파도타기를 경험해 보면서 사도 바울의 고백처럼 나는 날마다 죽노라. 나의 고백을 드리며 십자가의 죽음으로 하나님 앞에 담대히 나아가 본다.

우리 주님은 지금도 나를 위해 십자가를 지시고 이렇게 말씀하신다.

'사랑하는 딸아, 내가 너를 사랑한다. 지금도 나는 너를 위해 십자가에서 피를 흘리며 나를 영광의 자리에서 포기하고, 하나님께서 너를 베스트셀러로 디자인하신 것으로 인하여 인생 파도타기 제련함을 통해 완성 될 때까지 새롭게 만들어 갈 것을 기대하며 너를 참고 인내하고 있다고 말이다.

'지금도 날 위해 간구하심을 이 옅은 믿음이 아옵나니, 주님의 참사랑 고맙고 놀라와 찬송과 기도를 쉬지 않네. 주님의 십자가 나도 지고, 신실한 믿음과 마음으로 형제의 사랑과 친절한 위로를 뉘게나 베풀게 하옵소서.'

사랑도 자유이고, 용서도 자유이다. 그러나 자유를 주시는 것은 그리스도 예수 안에서 자신의 의지로서 선택할 수 있도록 허용된 것이다. 그러므로 자신이 선택한 것에 대한 책임도 자신한테 있는 것이다.

원수를 사랑하라 하신 말씀에 순종하여 다섯 살짜리 남편과 함께 지금도 살고 있지만 어릴 때 상처는 대물림된다고 하는 이야기를 들은 적이 있을 것이다. 이것도 내 어린 시절 아버지와의 관계에서 빚어낸 상처의 결과물이라고나 할까.

앞에서 말 한 바와 같이 저는 1남 5녀 중 셋째 딸로 태어났다.

가화만사성이란 글을 온 방에 도배하듯이 붙여 놓으시고

행복하게 살기를 바라셨던 아버지. 난 자라오면서 그런 아버지가 내 마음에 들지 않았었다.

여자는 많이 배우면 남자 머리 위에 선다고 하시며, 배움의 기회를 주시지 않으셨다. 여자 목소리가 담벼락을 넘어가면 안 된다 하시며, 여자는 한 번 시집가면 그 집 귀신이 되는 것이다. 못을 박아 놓듯이 말씀하셨고, 시집가서 아들 딸 잘 낳고 시부모 공경하며 사는 것이 여자의 팔자라나. 난 이러한 고지식한 아버지의 사고가 너무나 싫었던 거였다.

여자도 꿈이 있다고 인정해 주고 삶에 자신감을 주셨던 아버지였더라면, 나의 이상과 현실의 꿈은 나를 억압하지도, 원망하지도, 삶이 막막하지도 않았을 것이다.

옛일을 기억해보면 호랑이 같은 나의 아버지, 그 아버지는 내가 원하지 않는 일만 강요하셨던 분만 같았다.

그러나 그 분 안에도 자식에 대한 사랑과 관심이 있었다는 것을 새삼 느껴보게 되었다.

아버지라는 영향력은 우리의 인생에 있어서 얼마나 중요하게 큰 비중을 차지하며 살아가게 되는지 우리 스스로에게 얼마나 중요한 가치를 심어지게 하는지 모른다. 나의

나무와 못 그리고 고통은 용서를 얻기 위한 대가이고 치유하는 사랑이다. -단헤믈턴

아버지를 봐도 항상 가족 안에서는 부재 중인 아버지인 것 같았다. 아버지는 특별히 밖에 있는 사람들에게만 관심의 대상이었지 우리 가족 안에서의 관계는 건강하게 이끌어 가시지 못 하셨다.

남편 쪽도 유형은 다른 것 같았으나 비슷한 상황이었다. 강하시고 주도적이신 어머님과, 항상 없는 것 같이 느껴졌던 아버지 속에서 자란 남편은 얼마나 유약한 막내 아들이며, 의존적이었겠는가 말이다. 항상 삶 속에서 숨어 행동하려고 한다.

서로가 맞물려 있는 상황이 되다보니 그것이 마치 서로가 원하던 이상과 꿈이 이루어진 사건인 것 같이 착각하게 되었다. 그것 때문에 결국 서로의 눈 안에 들어와 꽂히게 된 것이었다.

강하고 주도적이신 아버지가 싫어서 아버지 같은 사람 절대 안 만난다고 하고 선택한 것이 유약한 남자, 나를 잘 따라와 주고 인정해 주고 잘 속아주는 것 같은 남자. 나는 그가 좋았었다. 그것을 나는 나를 사랑해줘서 그런 거라고 착각하고 살았던 거였다.

남편은 아무 것도 없는 나에게 자꾸 자꾸 무엇인가를 원했다. 없다고 해도 목숨까지도 내 놓으라며 달려든다. 쥐도 쥐도 끝도 없이 달라고 한다. 매사가 남편은 나에게 받는 것이 당연한 것이고 나는 남편에게 줘야 하는 것이 당연한 것이었다. 그렇게 안 해주면 죽는다고 아우성을 친다.

마음이 약한 나는 그러다가 정말로 죽을까봐 그 놈의 정이 무언지 정 때문에 주고 또 주고, 신용 때문에 사업과 모든 일에 자신의 이름을 쓸 수 없는 형편에서도 나는 남편을 위해서 내 이름까지도 다 줬다. 그가 원하는 것이라면 내게 있는 모든 것을 다 줬는데도, 나의 목을 계속 조르고 있다.

처음에는 왜 그러는 지를 몰랐지만 알고 보니 남편은 어릴 때 아파서 죽을 뻔 했었다고 한다. 어머님의 기도와 정성으로 살아난 적이 있었고, 중학교 때는 1년을 휴학 할 정도로 몸이 아팠다고 했다.

병 이름이 '가와사께' 병이라고 하는데 일본에서부터 시작되었다고 한다. 그 병에 걸리면 거의 다 죽었다고 한다. 지금도 병에 대한 치료약은 발명되지 않았다고 한다.

이야기를 듣고 보니 어머님이 저에게 호되게 시집살이 시켰던 일들과 가족들이 왜 그렇게 저한테 모질게 했었나를 알게 되었다.

　남편은 그 가정에서는 애기였다. 돌봐줘야 할 대상인 동시에 돌봄을 받아야 할 대상이라고 생각하고 살아왔었던 것이 가족의 패턴이었다. 그저 눈 앞에 살아있기만 하면 좋았던 것이었다. 그 막내 아들이 죽을까봐 죽기 살기로 돌봐주셨던 어머님. 그것을 보고 있는 그의 가족들의 이해와 수고는 겉으로 보기엔 이해가 가는 이야기 같지만 그동안 얼마나 많은 시간과 사랑을 손해 보았겠는가.

　금방이라도 죽을 것 같은 그 아이를 보면서 그의 가족들이 마음 조이며 모든 것을 절제하며 참고 살아야 했던 피해의 상황들. 손해봐야 했던 것들이 어릴 적 상처들로 남아서 해결되지 못한 감정으로 무의식에 억압되어 있었다.

　한가족만 아니었어도 그들이 하고 싶은 것을 포기하며 참고 살지는 않았을 텐데. 그나마도 무서운 엄마 때문에 꼼짝없이 동생 때문에 모든 것을 포기하며 살 수 밖에 없었던 시간들. 세월이 흘러 그 아이가 어른이 되어 있지만 지금에 와서 피해 보상을 당사자에게 전가할 수는 없고, 마음 안에서 항상 쓴 뿌리로 잠재우고 있다가 아내인 나에게 투사적 동일시하게 되었던 것이다. 그래서 마치 내가 그가 된 것처럼(내가 동생이 되는 것처럼) 느껴져서 감정이 그대로 드러나게 된 것이었다. 이는 어릴 적 상처에서 오는 무의식의 행동이었다.

그들 안의 무의식의 자아들은 피해의식으로 범벅되어 있었고 바다에 떠 있는 빙산처럼 거의 모든 것이 바닷물 속에 감춰진 채 무서운 엄마 밑에서 그냥저냥 할 수 없이 덮어놓고 살아오게 된 것이다.

남편의 가족들은 아들을 결혼시킨 것도 성숙한 성인으로서 장가 보낸 것이 아니라 어머님을 대신할 며느리에게 아들을 양도하게 된 것이다. 결국 며느리에게 아들을 보호해야 할 대상으로 장가 보낸 것이나 다름 없었던 것이다.

그랬기 때문에 매사에 남편이 잘못 했어도 식구들은 남편을 꾸짖을 수가 없었다. 그를 보호해 줘야 한다고 생각하고 있는 그 분들의 사고 구조에서는 며느리인 내가 잘 돌보지 못했기 때문에 그런 일을 저질렀다고 생각하고 저를 야단치는 것이 마치 그 분들에게는 당연한 것이라 할 수 있다.

정말 점잖은 가정에서 이런 일들이 벌어진 것에 대해 이해할 수가 없었다. 형님들도 꽤나 좋은 분들이었는데 이제

와 생각해 보니 그 분들을 이해할 수 있을 것 같다. 그 분들 또한 나와 같은 엄청난 피해자였던 것이다.

그렇게 식구들은 어릴 때 죽을 것 같이 위태로웠던 남편을 아이로 인식하고 있었고, 그렇게 굳어진 사고가 아빠가 되어 있는 지금에도 그 때의 아이로 인정되고 있었다.

그 때문에 잘못하면 아이를 잃을 수도 있다는 불안감이 조금 더 건강하다고 생각되는 나에게, 남편과 같이 산다는 한 가지 이유로, 불합리하게 느껴왔던 동생에 대한 보복 심리를 투사하여 분노를 표출한 결과가 된 것이었다.

정말로 죽도록 미웠었나 보다. 오죽하면 남편이 피를 토하고 간경화로 죽는다고 하는데도 병원에 와 본 사람이 없었을까.

참으로 불행한 것은 나와 우리 아이들이었다. 겉모습을 보면 멀쩡한 사람이 어린 아이 처럼 일만 저지르고 관계는 다 끊어 놓고 나만 바라보고 있으니 나는 어떡하란 말인가.

이렇게 답답한 나를 누가 이해할 수 있단 말인가.

하늘이시여! 날 좀 도와주소서. 그도 자신을 알지 못 하기에 일들을 저질러도 깨닫지를 못하니 남편의 사고를 바꿔주옵소서. 이렇게 처절한 나의 몸부림에도 그에게는 자신과 상관없는 일이었다.

이러한 패턴 속에서 계속 살아 왔던 한 여자가 이제 지쳤다.

도대체 왜 그런 일들이 나에게 일어나고 있고 또 계속 일어나야 하는 것인지. 그렇게 당하고 살면서도 소리 한 번 내지 못하고 살았었는지. 오죽하면 설사를 7년 동안 하고, 맹장을 떼어내 버렸을까.

그토록 당하고 산 것은 3가지 이유를 생각할 수 있습니다.

첫째, 큰소리 치고 강하신 아버지가 싫어서 조용하고 말이 없는 남자를 선택한 것이다.(결핍에서 오는 속임수)

둘째, 무지함에서 나타나는 결과들. 알지 못하니까 당하고, 당하고 나니까 억울하고 속상했다. 이것을 깨달았을 때 감정으로 오는 분노와 배신감은 이루 말할 수 없는 것이다.

셋째, 사랑이라고 착각하는 것, 또는 사랑하기 때문에 속아주는 것이다. 이미 저질러진 일이라고 생각하면 이해가 되고 용서가 되겠지만, 반복적인 습관은 병적인 것이다. 잘 분별해서 엮이지 않도록 하는 것은 마음의 병을 예방하는 데 최선의 방책이다.

이것을 깨닫기 위해 상담공부, 신학교, 내적치유 다 해봤어도 깨닫지를 못했었다.

그런데 성폭력 상담사 자격 이수 과정 중에 하나님께서 그 깨달음을 주셨다. 성은 전인격을 말하는 것이고, 성은 위대한 것이고, 자신의 성을 잘 지켜야 되는 것이다. 자신의 성을 잘 다스릴 줄 알아야 다른 사람들의 성도 소중히 여길 줄 알게 된다는 것이다.

흔히 우리는 성폭력하면 외상에만 집중해서 생각하게 되는데 그건 그렇지 않다는 것을 알았다.

성이란 전인격을 말한다. 수치, 모멸, 기쁨, 감사, 행복, 죽고 사는 전생의 역사가 여기에서부터 시작되기 때문이다.

우리는 수정되기 전 이미 엄마의 뱃속에서부터 수억 마리의 정자와 싸워 이겨낸 위대한 생명체이다. 우리의 인권과 성은 아무렇게나 관리되고 아무렇게나 소외시 되고 아무렇게나 버려지는 것이 아니다.

아주 소중하고 보배로운 것이다.

성학대 받은 사람은 자신도 모르는 사이에 자신의 가계에 대물림하게 된다. 물론 성학대 하는 자도 가계의 대물림으로 인한 피해자들이다. 그러므로 인성교육은 인간이 살아가는데 가장 중요한 역할이다.

　우리가 지식을 알고 예방함으로써 피해자들이 대물림이 되지 않도록 하기 위해 교육해야 하는 것이다.

　주님께서는 지식이 없어 망한다고 말씀 하셨다. 무지함은 죄이다. 모르면 당한다. 당하고 나면 속상하다.

　나도 피해자 중의 한 사람이다. 폭력, 남편과 가족들에게 수없이 많이 당했었다.

　내 자신의 의도와는 관계없이 성의 자유를 빼앗기고, 평생 남편 테두리 안에서만 살아왔다. 가족들의 냉랭함 속에서 인격을 무시당하고, 이름까지도 남편에게 바쳐야 했던 악몽 같은 세월들. 평생 한으로 사무친 채, 5살 짜리 남편이 저지르고 다니던 삶의 패턴들의 어두운 그늘 아래서 홀로 외로이 파도타기 훈련을 경험하며 하나님께 의탁하여 그때 그때의 삶을 지탱하며 살아왔다.

　티 없이 맑고 밝게 자라나야 할 영유아, 유년기를 거쳐 청소년에 이르기까지의 시기에, 건강한 가정에서 건강하게 자라나야 할 그 때 부모님의 역할이 얼마나 소중하고 중요한 것인지, 여러분 이 책을 읽으시면서 공감이 많이 되셨으리라 생각된다.

성윤리, 도덕, 가치관의 상실은 세대에 거쳐 계속해서 무너져 내려오고 있고, 앞으로도 성에 대한 올바른 인식과 인권에 대한 소중함을 깨닫지 못하면 결코 후대에게 미칠 영향은 좋은 본보기가 되지 못 할 것이라 생각 된다.

청장년의 미래가 병 들어가고 있다. 미래의 불확실한 불안 때문에 정신적, 육체적 심리적으로도 피곤에 지쳐있다. 그들의 소망은 끊어진 것 같고, 정서도 불안하고, 무엇이 옳고 그른지 분별하지도 못 한다. 자신이 누구인지, 무엇을 해야 하는지, 무엇인가에 매여서, 무엇인가에 묶여서 고귀한 순결(성만이 아닌)을 빼앗겨 버린다, 망가진 성은 정체성을 찾고자 하나 습관적으로 환경에 익숙해져 있는 사고의 역기능적 갈등의 요소들은 자기 안으로 숨겨져 들어가서 자신의 존엄성을 파괴한다. 남도 모르고 자신도 모르는 죄를 유도하게 하여 가정을 흩어지게 하고, 이기적인 습성으로 역기능적인 가정을 대물림하게 한다.

어느 가정, 어느 민족이든 인간의 인권은 존중 받아야 할 권리와 의무를 가지고 태어났다.

인권, 그 자체는 살아있는 소중한 성이다. 인권에 대한 문제를 소외시키거나 함부로 다루어서는 안 될 것이다. 가정폭력, 성폭력은 인권을 무시하고 살인하는 행동이다.

가정폭력, 성폭력 교육을 받으면서 나는 얼마나 가슴 아프게 느꼈는지 모른다. 지식이 없어서 자신 스스로를 파괴하고, 인권을 말살 당하고 살면서도 권리를 주장하지 못하고 살아 왔던 내가 그 때 일을 생각하면 원통해지는 마음을 스스로 삭힐 수가 없다. 나 한 사람도 가치있는 사람이고 소중한 사람이었고, 보호받아야 할 대상이었다. 내가 싫으면 안 해도 되는 사람이었다.

그러나 보상 받을 수 없는 지나온 세월들, 아쉬움으로 남아 있지만 이제라도 나와 같은 고통을 겪고 있는 분들을 위해 깨우쳐 주고, 정보를 나눠 주고, 도전할 수 있도록 기회를 줌으로써 무너진 성벽을 새롭게 보수하고 건축하여 그 분들에게 희망을 전해줌으로써 보상의 대가를 받으려고 한다. 여러분도 행복할 수 있는 권리가 있다.

~~~ 이사야 55장 6-7절 ~~~
너희는 여호와를 만날만한 때에 찾으라.
가까이 계실 때에 그를 부르라 악인은 그길을,
불의한 자는 그 생각을 버리고 여호와께 돌아오라.
그리하면 그가 긍휼히 여기시리라.
우리 하나님께로 나아오라. 그가 널리 용서하시리라.

열한 번째 파도타기

- 돌아온 탕자 -

돌아온 탕자처럼 이제 더 이상 방황할 것도 없고 남아있
는 것도 없고, 이상도 다 포기되고 소멸되고 나니까 역시
내 아버지 집이 생각 난다.

옛 기억으로 엄하고 무서웠던 아버지. 지금은 고인이 되

어 계시지만 한동안 인생의 파도타기 경험하느라 잊고 살았던 내 아버지, 내 사랑하는 형제 그리고 고향 친구들. 이 책을 마무리하면서 그 모두가 몹시도 그립습니다. 특별히 아버지가 생각이 납니다.

아버지를 아버지라고 제대로 불러보지도 못 하고, 아버지를 아버지라 인정하지 못했던 내가 왜 그랬을까를 생각해 봤다.

어느 날인가 내적치유 세미나에 참석하게 되었는데 아버지의 용서에 대해서 묵상하는 시간이 있었다.

나는 그 때까지만 해도 아버지에 대해서 그렇게 심각하게 고민하고 있었거나 미워했다는 감정이 들질 않았었다. 어릴 적 감정은 그냥 기억 속에 있는 거지 그렇게 크게 삶에 비중을 두고 살지는 않았었다.

감정에 조금 남아 있었다면 신앙 안에서 믿음 안에서 어릴 때의 감정적인 부분들은 다 해결 했었다고 생각하고 살아왔던 것이었다. 아버지를 용서했고, 아버지를 하나님께 맡겨드렸다고 생각하고 있었기 때문에 나에게는 아버지에 대해 용서하는 시간은 그다지 은혜스럽지 않았다고 말할 수 있겠다. 사실 어떤 생각을 해야 되는 건지 잘 몰랐던 것이었는데 말이다.

종교적인 기준 안에서는 신학을 마치고 전도사의 직분을 맡고 있는 자신은 신앙 안에서 믿음이 좋은 사람이라고 착각하고 살아왔기 때문이었다.

하나님을 마음으로 믿고 계셨으면 천국에 가셨을 것이고, 예수님을 믿지 않으셨으면 지옥 가셨겠지라는 종교적인 교만함이 나를 덮어 놓고 믿게 했었다.

아버지가 돌아가셨을 때도 난 당연하게 울지 않았다. 형제들은 땅을 치고 아버지의 죽음을 슬퍼하며 애도하고 있는데 나는 감정이 동요되지 않았다. 왜 그렇게 마음이 굳어 있었는지 그 때는 나의 감정을 잘 몰랐었다. 오히려 땅을 치며 통곡하고 있는 형제들이 위선적인 것 같아 보였다. 형제들은 나를 보며 교회 다니는 것들은 너무 냉정하다 하면서 자기 아버지가 돌아가셨는데도 어쩌면 눈물 한 방울 흘리지 않고 있느냐고 하면서 나를 책망했었다. 그 때만 해도 형제들이 왜 그러는지 이해하지 못했다.

'이미 나이 들어 돌아가신 것을 어쩌란 말인가. 아파서 고생하지 않고 돌아가신 것만 해도 호상하신 것이지. 살아 계실 때나 좀 더 잘 해 드리지. 속상하게 하지나 말지. 살

아 생전 속상하게 해드린 것 때문에 마음 아파 우는 게지. 나는 잘 하고 살았잖아.'

교만한 마음이 자꾸 나를 왜곡해서 생각하게 했다.

그러나 돌이켜보니 믿지 않았던 형제들이 더욱 진실했었고, 아버지에 대한 애도하는 마음이 건강하게 슬픔으로 잘 표현되고 있었다는 것을 알았다.

형제들이 말했던 것 처럼 나는 교회를 다니고 있었던 것이지, 신앙과 믿음이 있었던 것은 아니었다.

두 번째 내적치유 스쿨에는 조장으로 들어가 조원들을 섬기는 세미나가 있었다.

역시 '아버지에 대한 용서'를 다루는 내용에서 아버지에 대한 좋은 기억을 찾는 중에 나는 그동안 아버지가 마지막 돌아가시기 전에 우리 집에 전화하셔서 하신 말씀을 다시 떠올리게 되었다.

나는 어릴 때 '게딱지'를 가마솥에 삶아서 먹고 자랐다. 나는 그것을 참 좋아 했었다. 그것을 기억하셨는지 아버지께서는 엄마가 게를 사가지고 오빠 집으로 갔다고 일러 주시며 얻어먹지도 못하고 비쩍 말라가지고 어서 가서 얻어먹어라 하셨다.

순간 나는 그 말씀이 간간히 생활 속에서도 생각났었는데, 그냥 지나쳐버리고 감정을 눌러버리고 살아왔었다는 생각이 문득 들었다.

그리고 며칠 전 꿈 꾸었던 내용이 생각이 났다.

시골 친정 집에 닭장이 있었는데 노란 병아리 한 마리가 빛을 피하지 못하고, 닭장 안에 갇혀서 병들어 있는 것처럼 졸고 있었다. 물그릇에 물은 바짝 말라 있었고, 비실비실 졸고 있는 노란 새끼 병아리가 너무나 가여워 보였다.

그런데 어디선가 하용조 목사님 같은 느낌이 드는 신사 한 분이 밭둑을 가로질러 뚜벅뚜벅 서서히 걸어오시더니 병아리 물그릇에 물을 주욱 따라주고 말없이 돌아서 가시는 것이 아닌가.

노란 병아리는 물 소리에 정신을 차리고, 쪼로록 달려와 물그릇에 담겨진 물을 쪼아먹더니 금방 파드득 살아나는 것이었다. 아무리 꿈이라지만 너무너무 고마워서 어떤 분이시냐고 물어보려 했지만 입이 떨어지질 않아 이내 말을 못하고 돌아서 가는 뒷모습만 물끄러미 바라보면서 아쉽게 꿈에서 깼다.

나는 개인적으로 하용조 목사님을 참 좋아한다. 그래서

그런지 그 꿈을 꾸고 나서 마음이 평안해졌던 기억이 잠시 떠올려졌다.

그 순간

'아버지, 아버지가 날 사랑하셨구나!'

하는 생각이 들었다.

어릴 때 아버지가 미워 내 마음 속에서 지워버리고 스스로 고아가 되겠다고 하면서 집을 떠났던 것이, 아버지를 내 아버지로 인정할 수 없다는 선언이었고, 아버지에 대한 불순종의 도전이었던 것을 깨닫게 되었다.

닭똥 같은 눈물은 비 오듯이 쏟아져 나왔고, 억울했던 심정을 호소라도 하듯이 내 안에서의 참을 수 없는 슬픔은 우뢰와 같은 괴성으로 소리를 지르며 몸 전체를 비틀었다. 아버지가 나를 사랑하고 계셨음이 느껴지고 있었다.

아버지가 하신 말,

"얻어먹지도 못하고 비쩍 말랐구나. 엄마가 싸 가지고 가신 게딱지, 오빠 집에 가서 얻어먹어라. 네가 좋아하던 것 아니니. 아버지가 기억하고 있단다."

무지한 가문의 대물림은 이렇게 우리를 오해하게 하고, 속상하게 하고, 자아를 죽이고, 자신감 없게 하고, 살인하게 하는 악한 죄로 전염시키는 역사를 이루어 갔다.

　나의 나 됨을 인정받고 싶었던 것과 사랑과 관심의 결핍이, 결국 아버지의 그 한 마디로 녹아내리고 아버지의 용서라는 단어가 갑자기 친근해지기 시작했다. 아버지의 그 말씀 한 마디는 마치,

　'내가 너를 보았고, 내가 너를 알고 있었단다. 그리고 얻어먹지 못할 만큼 고생이 많구나. 가서 얻어먹어라. 너는 내 딸이다. 내가 주는 음식을 받아먹어라. 내가 너를 사랑한다. 비록 환경이 연약해서 너를 가슴 아프게는 했지만 아버지가 너에게 사랑한다고 말하는 것은 아버지로선 너무나 어려운 말이었단다. 너는 내 가문에 속한 내가 사랑하는 딸이란다.'

　아버지가 내 일생에 주고 가신 그 말씀 한 마디를 깨닫지 못해서 얼마나 나를 방황하게 하고, 얼마나 살인하게 하고, 얼마나 나의 삶을 부인하게 했는지. 아버지를 용서합니다.

　'어릴 적 나의 욕구를 채워주지 않는다고 하여 당신을 살인하고, 당신을 아버지라 인정하지 않았고, 당신의 딸임을 부인하고, 고아가 되었던 이 무지한 딸을 용서하세요.

진실을 말하게 하소서

아버지!'

　'이상의 아버지를 품고 살았지만 그 아버지는 내 아버지가 아니었다는 것을 인정합니다. 이제는 당신께로 돌아갑니다. 당신만이 내 아버지였음을 고백합니다. 아버지를 사랑합니다.'

열두 번 째 파도타기

- 하나님의 만지심 -

파도타기는 두렵고 험난한 장시간의 길이었지만 비로소 아버지와 친밀한 관계를 회복할 수 있는 기회를 얻게 되었다.

지금도 환경을 보면 죽을 것 같을 때도 있다. 두렵기도 하고 막막하기도 하고 살고 싶지 않을 때도 종종 있다. 그러나 하나님은 환경에 집중하지 않으신다. 단지 마음을 회복하기 원하신다. 진정과 신령한 마음으로 아버지를 찾길 원하신다. 아버지가 내 안에, 내가 아버지 안에서 천국을 누리며 살기를 원하신다. 평안을 우리에게 끼치기를 원하신다.

내가 이 자리에 올라오기까지 악한 역할을 감당해 줬던 남편, 계속 어린 아이 처럼 일은 저지르고 살고 있지만 과거처럼 거기에 삶을 휘둘리며 살지는 않는다.

하나님께서는 말씀하신다. 성인 아이 5살 짜리 남편을 인정하겠느냐고. 성인 아이인 5살 짜리 남편으로 인정한다면 이제는 남편이 감당할 수 있는 부분만 허락하고, 감당하지 못 할 부분은 절제 할 수 있도록 예방하면서 함께 맞춰서 살면 되지 않을까 하는 마음으로 새롭게 생각해보며 의지를 가져본다.

하나님께서는 나에게 감당할 수 있는 시험 밖에 허락한 것이 없는데, 내가 그 짐이 무겁다고 벗어 버린다면 하나님 앞에서 나는 무엇으로 인정받을 수 있을까 생각해 본다. 내가 감당할 수 없을 때 하나님께서 피할 길을 내사 나로 하여금 또한 감당하게 하실 줄 믿는다.

이제 내 속에 있는 내 이기심으로 남편을 이끌고 가지

않을 것이다. 내 속에 이기심이란 남편을 성숙시키고자 의도하는 것이다.

그렇게 서로 다른 일그러진 관계 패턴이 이끌어 왔던 그것으로 인하여 또 다른 피해자가 있어 불행하지나 않았을까 우려가 된다.

이렇게 대물림되어 내려왔던 관계 패턴이 나와 남편의 영혼에 가로 막혀 있는 부분인 줄도 모르고 남편을 나의 가해자로만 인식하면서 살아왔었다. 나만의 세계 안에서 5살인 남편이 알아 듣지 못하는 언어로 그를 공격하며 내것만이 진짜인양 학대하고 고집하면서 저변에 깔린 불신앙의 죄를 합리화하고, 포장하고, 반항하면서 쓴 뿌리의 잔재한 이기심의 죄악들로 우리는 그렇게 속고 속이고 살아왔다.

우리는 흔히 삶 속에서 '너 때문이야' 란 말로 자신을 방어하고자 하는 자기 중심적인 이기심의 죄가 있다. 그 속에서 주는 말의 의미에서 '너는' 이란 말은 주님을 가리키는 말이 되기도 한다. 주님을 향해 도전하는 단어가 되기도 한다는 말이다.

'너 때문이야' 라는 말의 힘 속에는 무서운 살인과 악독과 분노의 힘이 실어져 있고 그 입으로 나오는 말로 인하여 사람들이 죽을 수도 있다.

우리의 말에는 그렇게 무서운 말의 독이 가득히 실려 있다. 주님 자신이 그 말을 친히 받으시고 그의 몸으로 막지 않으셨다면 우리의 입에서 나온 독소가 실린 말 때문에 우리 모두는 온전하지 않았을 것이다.

오늘 나는 그 장벽이 무너졌다.

이기심?

이것이 나의 영혼에 막혀 있는 부분인 줄도 모르고 살아왔다.

합리화 속에 포장하고 반항의 깊은 저변에 깔린 불신앙의 죄, 잔재한 쓴 뿌리의 유혹들을 드러내고 보니 내 안에서 하늘나라가 임하기 시작했다.

찬양과 찬미가 흘러 나왔다. 나의 영혼 깊은 곳에서 흘려보내는 감사와 찬양.

'찬양하라, 내 영혼아. 찬양하라, 내 영혼아. 내 속에 있는 것들아, 다 찬양하라.'

입은 웃고 있는데 눈에선 눈물이 흘러나왔고 하나님의 경외함이 손으로, 몸으로, 가슴으로 춤추며 기뻐했다.

신비롭고 아름답고 감정의 벽이 없는 사랑만이 존재하는 그 깊은 경지를 나는 마음껏 느끼고 있었고 황홀감에 잠시 푹 빠져 들었다.

이기심에서 나오는 죄는 하나님을 깊이 찬양할 수 없다. 그냥 노래하고 있을 뿐이다. 그러나 많은 사람들이 경배와 찬양을 하면서 하나님께 드리고 있다고 착각하고 있다.

이기심은 다시 무너지고 싶지 않아서 무의식의 것이 붙잡고 있는 성이다. 그래서 자신도 모르는 사이 습관에 의해 나타나게 되는 것인데, 육에 속한 모든 것을 다 버리고 자신 안에 있는 이기심과 욕심, 그리고 탐심의 죄까지도 다 들여다보고 버려야 한다.

그럴 때 영혼의 깊은 곳에서 경배와 찬양이 흘러 나오게 되는 것이다. 그것을 깨닫게 될 때 진리가 내 속에서 자유함을 얻게 되는 것이다.

아픈 곳을 향해 손이 얹어졌다. 마음으로 들려오는 세미한 음성은 너를 치료한다는 하나님의 음성으로 들려왔다. 38년 된 혈우병 환자를 고쳐주신 것처럼 먼저 나의 위를 고쳐 주셨고, 머리끝서부터 발끝까지 부드러운 손길로 만져주시고 나를 새롭게 하셨다.

그동안 나도 알지 못하고 있었던 내면의 병을 고쳐주셨
고, 무엇이든지 믿고 구한 것은 다 받은 줄 알라 하시면서
황홀감 속에서도 계속해서 주님을 경배하게 하셨다.

~~~ 이사야 51장 1-3절 ~~~

의를 좇으며 여호와를 찾아 구하는 너희는 나를 들을찌어다.

너희를 떠낸 반석과 너희를 파낸 우묵한 구덩이를 생각하여 보라.

너희 조상 아브라함과 너희를 생산한 사라를 생각하여 보라.

아브라함이 혈혈단신으로 있을 때에 내가 부르고

그에게 복을 주어 창성케 하였느니라.

대저 나 여호와가 시온을 위로하되 그 모든

황폐한 곳을 위로하여 그 광야로 에덴 같고

그 사막으로 여호와의 동산 같게 하였나니

그 가운데 기뻐함과 즐거워함과 감사함과

창화하는 소리가 있으리라.

열세 번 째 파도타기

- 남편과의 재결합 -

하나님께서는 계속해서 남편을 인정하기를 원하셨지만

역경은 진리로 들어가는 첫 번째 관문이다. - 조지 고든 노엘 바이런

그가 나를 승복시켰다

그것만은 인정하고 싶지 않았다. 내 남편이 5살 짜리의 남편이라는 것을. 어느 여자가 남편이 5살 짜리인 것을 인정하고 싶겠는가. 남편 스스로 세워져 가길 원했었다.

그리고 그것을 감추고 살아야 하기에 남 모르게 남편을 더 포장하게 하고, 이 목숨 다 바쳐서 도와주려고 했었던 것이다. 난 계속해서 남편을 위해 정열을 불태웠다. 나의 무의식의 것이 계속해서 남편을 세울 수 있도록 갈구하고 있었던 것이었다. 남편이 깨닫기를 원하고 있었다. 자신을 위해 도와주려는 나의 생각을 알아주길 원했다.

믿어주고, 인정해주길 원했다. 그것을 깨달았을 때 성장이 될 거라고 생각했다. 그것은 나의 착각이었다.

5살 짜리 남편은 너무나 버거웠던 것이다.

구관이 명관이라고 싫었었지만 아버지의 리더쉽이 더 멋있게 느껴졌다. 호령했지만 아버지로서 위엄이 있으셨다. 아버지의 바른 가치관, 그것이 나를 바르게 성장하게 하는데 많은 교훈이 되고 있었다.

그러한 아버지로 남편을 끌어 올려주고 싶었다.

그러나 감당 못하고 힘겹게 쫓아왔을 남편을 생각하면 난 늘 피해자라고만 느끼고 산 것이 부끄러워진다.

남편 또한 거대한 아내의 꿈을 쫓아 살아가려고 했으나 황새가 뱁새 따라가려는 것과 같이 버거웠을 것 같은 남편을 생각하니 그도 가해자만이 아닌 피해자였음을 느끼게 되었다.

이렇듯 한 여인이 지고 왔던 짐이 다 내려지고, 한 드라큐마를 드려 얻어진 대가는 현재는 눈에 보이지 않고 드러나 있지는 않아도, 나의 기도가 야베스의 기도를 들어주시고 허락하신 축복들이 우리 가족 안에서도 동일하게 이루어지고 있음을 믿고 고백한다.

하나님께서 가정을 허락하시고 부부의 인연을 맺게 하실 때는 분명하게 목적이 있으셨다. 분명한 것은 의인은 없나니 한 사람도 없다는 것을 전제해 본다면 불완전한 사람들임을 인정하고 계시다는 것이다. 불완전하기 때문에 보충적 의미로서 아내를 보내 주신 것이다.

생각해보면 하나님 안에서 선택할 여지가 없는 것이 부부의 인연이다.

그러므로 한 몸이 되었더라도 가정과 가문의 차이로 인하여 어려움을 겪을 것도 아시고, 분을 내어도 하루를 넘기지 말라고 하셨던 것이다. 오래 지나면 아무리 좋았던 감정도 식게 되어 있다. 헤어지면 남남이 되는 것이다.

왜냐하면 주체가 개인이기 때문에 하나님 앞에서는 서로가 독립된 개체들이기 때문이다. 부부는 서로 비비고, 느끼고, 싸우고, 경험하면서 새로움들을 추구해가는 것이 부부이고 행복은 만들어 가며 사는 것이다.

그러므로 가정 안에서 반쪽과 반쪽이 서로 만나 부부가 선의의 경쟁을 통해 내가 없는 것을 받아들이고, 자기 안에 채우고, 있는 것은 나눠주고, 서로서로 보충해 줌으로써 하나님의 자아상을 완전하게 부부만을 통해서 하나가 되게 하시려는 것이다.

이것이 나의 삶의 간증이요, 하나님께 찬송이 되게 하시려는 것이다.

그것을 보고 자라는 자녀들은 부모를 통하여 하나님의 본을 보며 건강한 자아상으로 자라게 되는 것이다. 부모도 불완전한 사람들이기 때문에 자녀들을 완전하게 키우지 못한다. 누구든지 어떤 환경에 있든지 부유하면 부유한 대로, 가난하면 가난한 대로의 뜻이 있다. 빈틈을 타서 하나님을 갈망하게 하는 마음을 주셨다.

그러므로 이 땅에 사는 동안 어떤 사람이든 후회, 좌절,

실패를 경험하면서 불안전한 것에서부터 안전해질 때까지 파도타기 인생을 경험하며 하늘 나라 갈 때까지 성장하게 하는 것이다.

그러나 중요한 것은 자신이 무엇을 추구하고 있느냐라는 것이다. 무엇을 바라보고 가느냐도 중요한 고민이 될 것이다.

이제 더 이상은 속지 않는 저와 여러분이 되시길 바란다. 가치는 변화고, 변화는 새로움을 받아들이는 것인데 이전 것, 없어질 것, 가지고 있던 것, 다 버리고 나면 새로운 경험이 시작될 것이다.

두려워하지 말고 한 번 경험해보라. 그것이 예수그리스도를 믿고 받아들이는 것의 첫 번째 문을 통과하는 길이다. 예수 믿으세요. 그것만이 당신을 제일 안전한 곳에 머물게 하는 길이 될 것이다.

이제 나에게도 이 책의 마무리를 해야 할 시간이 다 되어 간다.

내가 믿는 예수, 예수 안에서의 평강, 기쁨, 감사, 아홉 가지 열매들이 이루어지고 있는 것에 대해서 간단하게 정리하면서 안녕을 고할까 한다.

모든 것이 가하였지만 모든 것이 다 내게 유익한 것은 아니었다.

예수만 만나면 예수 안에서 5살 짜리 남편도 성숙해진다는 진리를 발견했다.

오늘 아침, 상담소를 가기 위해 버스를 탔다.

책 마무리 작업이 10월 말일 정도까지 계획을 잡고 있었는데 어쩐지 그 때까지 잘 안 될 것 같은 생각이 들었다.

진실하게 숨김없이 나에게 역사하시고 다스려 주셨던 하나님에 대해 솔직한 삶을 올려드렸는데 마무리가 부담스럽게 느껴졌다. 해피엔딩으로 끝나지 않을 것 같은 진솔한 나의 이야기는 어쩐지 마무리 짓는 것이 고민스러워졌다.

'어떻게 끝나야 베스트셀러로 계획하신 일들이 이루어지시겠습니까?'

하나님께 물었다.

몇 정거장을 지나갔나 싶더니, 라디오 방송에서 상담하는 내용이 흘러나왔다.

내담자: 제 남편이 문제를 일으켜 속상합니다. 이혼을 하려고 하는데 어떻게 해야 합니까?

상담자: 인생은 살다보면 가야할 때가 있고, 멈춰 서야

할 때가 있습니다. 가야할 것에서는 가야하고 멈춰 서야할 것에는 멈춰 서야죠.

하면서, 정거장 안내가 나오는 바람에 말이 끊어졌다.

그렇다면 나는 어디에 서 있나를 생각해 보았다. 열심히 왔다고만 생각했었는데, 어느샌가 나는 멈춰서고 있었구나 생각이 들었다.

하나님께서는 나에게 어떻게 하시기 원하시나를 생각했더니 이제 가야한다는 싸인을 주셨다.

그리고 두 가지 비전을 보여주셨다.

5살로 멈춰서 있는 남편을 신학교에 보내는 것과 재결합에 대해서 말씀하셨다.

결혼하고 10년마다 신혼여행을 가자던 남편, 한 번도 약속을 지키지 못 했지만 왠지 하나님께서 두 가지 비전을 주신 것이 마치 이루어진 것처럼 가슴이 뭉클해지면서 기쁨의 감동이 나의 속 안에서부터 흘러나와 나의 얼굴 전체를 미소로 가득히 덮었다.

남편을 5살로 인정하고 나니 이제 하나님께서 하실 일만 남으셨다고 한다.

남편 안에 있는 어린 자아는 성령 하나님의 도우심 없이는 일으킬 수 없는 것이라고 하시면서 변화는 하나님의 말씀 외에는 치료가 될 수 없으며, 그러한 하나님의 사랑과 용서하는 마음과 믿음이 생기면 남편을 통해 한 시대를 이끌어 갔던 모세처럼 이 시대 아버지들의 회복사역을 도울 수 있는 큰 사명을 주셨다는 것이다.

부패하고 썩고 무너진 가정을 세워지게 하는 것은 역시 아버지의 영향력이라는 것이다. 아버지가 살아야 가정이 살고, 가정이 살아야 민족이 살고, 사회와 국가가 건강하게 사는 것이다.

이 시대의 부패한 아버지들의 전형적인 자아상이 나의 남편이었다면, 죄가 많은 곳에 은혜가 많다고 하나님 안에서 귀하게 쓰임 받는 아버지가 될 것을 믿고 확신해 본다.

쑥스러웠지만 그렇게 하나님께 구체적인 응답을 받고, 박대만 하던 남편에게 문자를 넣어보냈다.

"책 마무리하고 신혼여행 생각해보자! 그리고 열심히 사슈."

답장이 쏜살 같이 왔다. 어린 아이는 뭐 사준다고 하면 행동이 빨라진다.

"당신을 위한 삶이 어떤 것인지, 새롭게 태어난 것처럼 많은 사람들에게 당당하게 보여주며, 당신의 생각에 초점을 맞추는 최고의 남편이 될게요."

하나님의 계획은 이토록 한 치의 오차도 없이 완전하게 우리 가족 안에서 일을 이루어 가셨다.

믿음이 없이는 하나님을 기쁘시게 못 하나니 믿고 따르는 자만이 누릴 수 있는 축복을 우리 가족에게 허락해 주셔서 인간의 최고의 가치로써 하나님께 영광을 돌려드리게 하심을 진심으로 감사한다.

아버지 전상서

아버지를 향한 메아리...

불러도 불러도 대답이 없으신 나의 아버지여!

사랑합니다. 말해보고 싶었던 나의 아버지여!

당신의 무릎 위에 앉아 눈 마주치며 손 내밀고 '아빠! 나 돈 *100원만.*' 애교 떨며 말해보고 싶었던 나의 아버지여!

할 수 없는 일은 할 수 없어서 포기하고 하지 못 했다손 치더라도, 할 수 있었던 일인데도 하지 못 했던 지난 날의 아쉬움들은 아버지를 무척이나 갈망하게 하는군요!

원망과 시비로 얼룩진 세월들 아버지의 그 한 마디에 승복하고 맙니다. 오늘도 내일도 아니 매일매일 귓전에서 내게 속삭이는 말씀 한 마디, 사랑한다. 내 딸아.

비쩍 말라 힘들어하지 말고 아버지가 주는 것을 받아 먹어라 하시면서, 게딱지에 밥 비벼먹던 너를 아버지가 어찌 잊을 수가 있었겠느냐 하시면서 아버지가 준비해서 보낸 게딱지 오빠집에 가서 얻어먹어라시던 그 말씀 한 마디가 얼마나 나를 가슴 아프게 하셨는지 아버지는 아시나요! 나의 슬픈 세월들을.

철없던 소녀의 꿈은 무너지고, 무책인하고, 방관자이신 아버지를 그 때부터 나에게는 아버지로 인정하고 싶지 않았습니다.

한 번만이라도 내 눈을 마주쳐 고민하고 있는 슬픈 눈을 보셨었더라면, 한 번만이라도 내 눈을 마주쳐 아파하는 마음을 느껴 보셨더라면, 아버지를 부인하고 살지는 않았을텐데. 스스로 고아가 되려고 하지도 않았을텐데. 아버지 마음을 아프게 하지도 않았을텐데. 이제는 불러도 듣지 못하실 아버지.

미안하다고 사과해도 반응해 줄 수 없는 아버지.

아버지를 부인하며 아버지에 대한 원망으로 살았던 나를

용서해 주세요.

뿌연 안개와도 같은 희미한 기억 속에서도 슬픈 기억으로 남게 했던, 외쳐보고 싶었던 그 한 마디를 아버지, 이제는 용기 내어 말할 수 있어요.

아버지를 사랑한다고......

마지막으로 아버지가 하신 말. 너는 내 딸이다. 가서 내가 주는 것을 얻어 먹어라. 그리고 힘내서 살아라. 아버지가 마지막 내게 주고 가신 말, 그 말씀 한 마디가 저를 이렇게 세워 주셨습니다.

지금은 이곳 저곳 강의도 나가고, 상담소 소장으로 직분을 가지고 아버지가 못다 이루신 나머지 부분들, 다른 사람들을 위해 돕고 있습니다.

아마도 지금 살아 계셨으면 약주 한 잔 걸치시고 자랑스러운 내 딸이라고 흥얼거리시며 마음껏 지지해 주셨을 아버지.

저는 그러한 아버지가 너무너무 그립습니다.

아버지가 보고싶어요! 아버지......

강의 할 때마다 아버지를 드러내고 이야기합니다. 그럴 때마다 괜찮다, 잘하고 있다, 더 잘 하거라 하시는 것 같은 아버지가 계셔서 강의할 때도 힘 있게 하고 있습니다.

나의 힘이되신 아버지!

이제 아버지가 가셔야 할 곳으로 기쁘게 보내드리려 합니다. 이곳 생활 모두다 잊으시고 천국으로 평안히 가세요.

저도 이제 괜찮아요. 아버지. 아버지를 내 아버지로 인정합니다.

"아빠, 사랑해요!"

사랑하는 딸 석규 올림